나 · 너 · 우리의

자존감을
키우는
대화법

나·너·우리의
자존감을 키우는 대화법

김미영
강 훈
김 건
신정옥
이희승
임창호

지음

한국학술정보

내 안의 평화, 나와 너와의 평화, 온 세상의 평화

나는 평화로운 상태를 원한다. 경쟁과 다툼의 결과로 생기는 소외를 두려워한다. 아무런 욕구조차 일어나지 않는 잔잔한 마음의 평화로움을 그리워한다. 그런 까닭인지 가족 안에서 직장에서 사회에서 일어나는 폭력들에 너무나 아프고 예민하게 반응하게 된다.

어느 날 바닷가에 차를 세워두고 커피 한 잔을 마시며 잔잔한 바다를 바라보면서 '극한 평화로움'을 느낀 적이 있다. 아! 삶이 이러했으면 좋겠다. 아무런 원함이 없는 완전한 평화! 평화를 찾고 싶었다.

이 책의 제1부는 나와 나의 관계-자존감이다. 자존감이 건강하기 위하여 내 안에서 일어나는 갈등과 분노를 확인해야 한다. 사실은 내 안의 부족함과 깨진 자아상을 통해 세상을 보면서 세상을 향해 잘못되었다고 외치는 나 자신에게 평화를 주기 위하여 자존감을 회복해야 한다는 생각을 적어 보았다.

제2부는 나와 너의 관계-상호존중이다. 이 부분은 참 어렵다. 나 스스로 아무것도 할 수 없고 의존적인 시절에 부모를 포함한 가족들과의 상호작용에서 형성된 인간에 대한 믿음이 50세가 된 지금까지도 살아 꿈틀거리며 타인을 의심하게 하고 그 의심이 부메랑처럼 내게 돌아오는 연결고리를 어떻게 설명해야 할까? 또 어떻게 그 순환고리를 끊어야 나와 너의 관계를 평화롭게 할 수 있을까? 평화를 이

루고자 하는 희망을 버리지 않고 앞서 간 연구자들의 발자취를 더듬어 정리해 보았다.

제3부에는 소통의 어려움과 일치하는 소통방법을 제시하였다. 인간의 문제는 모두 관계의 문제이며 이것은 소통의 문제를 풀 때 엉킨 실타래처럼 풀릴 것이라는 믿음이 있다. 그리고 인간 내면의 복잡한 것을 말이라는 그릇을 빌려 주고 받는 과정에서 많은 오류가 있을 수밖에 없음을, 인간은 내면을 보기보다 말이라는 그릇을 보며 자신의 기준에 따라 해석하는 한계성이 있음을 제시해 보았다. 마샬 로젠버그 박사의 비폭력 대화를 단계별로 제시하였다. 10년 전 인간의 마음이 궁금하여 많은 프로그램을 접하였다. 단연 최고의 프로그램은 비폭력 대화였다. 비폭력 대화는 내가 그토록 원하던 평화로움 자체였다.

부족하지만 계속 평화의 초를 하나씩 켜 나갈 것이다. 한 사람씩 이 촛불을 들다 보면 온 세상이 평화의 촛불로 가득찰 것이라는 믿음을 가지고……

이 부족한 내용이 한 권의 책으로 나오기까지 내 삶의 여러 모양으로 동반자가 되어준 수많은 그와 그녀에게 감사를 드린다.

대표저자 김 미 영

내가 간섭하지 않으면,

그들이 스스로 자신을 돌본다.

내가 지배하지 않으면,

그들이 스스로 바르게 행동한다.

내가 설교하지 않으면,

그들이 스스로 개선한다.

내가 강요하지 않으면,

그들은 진정한 자기 자신이 된다.

Friedman, 1972

1부 ◐
나와 나의 관계 - 자존감

1장.

인간행동모델

    인간은 100인 100색이라 한다. 모든 인간의 생김새가 다르듯이 생각도 다르고 행동도 다르다는 것을 의미한다. 그러나 한 개인의 생각과 행동에는 분명 일정한 패턴이 있다. 그 패턴은 자신의 내면에 저장되어 있는 것들과 그것들을 조합하여 생성해 내는 자동적 사고양식의 차이 때문일 것이다. 다음은 이러한 인간행동모델에 대한 그림이다.

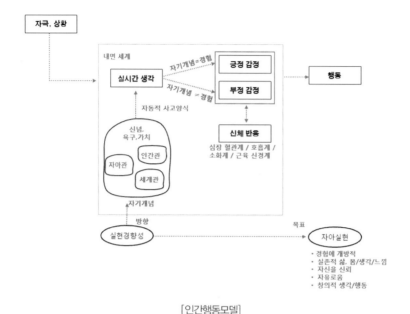

[인간행동모델]

● 자극(Stimulus)에 대해 해석(Interpret)하고
  반응(Response)하는 존재

문제는 사건 자체가 아니라 사건에 대한 우리의 해석이다.
사건들 자체는 우리를 해치거나 가로막지 않는다.

                                    - 고대 그리스 철학자 에픽테토스

행동주의 심리학자들의 주장에 따르면 인간은 외부 자극에 대해
반응을 하는 존재이다. 외부 자극은 눈으로 보고, 귀로 듣고, 코로
냄새를 맡고, 혀로 맛을 보고, 피부감각으로 느끼면서 받아들인다.
이렇게 오감으로 받아들인 외부 자극을 재료로 하여 뇌 속에서는
복잡한 해석의 과정이 일어난다. 삶의 경험을 통해 형성된 개인의

주관적인 욕구, 가치, 신념, 기억 등과 외부에서 받아들인 자극이 연결되면서 자신도 인지하지 못할 순식간에 실시간으로 생각이 일어난다. 실시간 생각은 자신의 삶의 경험에 의해 형성되는 자기와 타인, 세상에 대한 개념들로부터 나온다. 자신의 내면세계를 형성하고 있는 개념과 방금 받아들인 새로운 경험에 대한 해석 즉, 자극과 일치하면 긍정적인 감정이, 일치하지 않으면 부정적인 감정이 만들어진다. 이것은 자기(自己) 보존을 위한 과정이다. 보존해야 할 자기는 그동안 살아온 삶의 경험을 통해 누적해 온 심리적 자산들이다. 긍정이건 부정이건 감정의 생성은 신체반응과 맞물려 생기고 행동을 유발하게 된다. 한 인간의 자극에 대한 반응유형은 일정한 패턴을 가진다. 유사한 자극에 대하여 유사한 감정반응과 신체반응과 유사한 행동을 하게 된다. 이렇게 유사한 패턴을 가지는 자극과 반응도 방향성을 갖는데, 이것이 자기실현 경향성이다.

인간중심 심리상담가인 칼 로저스가 "자아실현이란 자기 자신이 되는 과정이요, 자신의 독특한 심리적 특성과 잠재력을 계발하는 과정이다."라고 한 말과 연결해 보면, 자아실현이란 어느 순간 완성되는 것이 아니라 삶의 과정이다. 자아실현이 된 상태는 새로운 경험에 대하여 개방적이며, 과거나 미래가 아닌 실존적 삶을 살 수 있게 되고, 자신의 생각과 감정 판단을 신뢰하게 되며 자유롭고 창의적인 생각과 행동을 할 수 있는 충분히 기능하는 상태라 할 수 있을 것이다.

즉 인간은 자아실현을 향한 방향성을 가지고 외부 자극을 받아들이고 복잡하지만 짧은 시간에 해석하여 반응하는 존재이다.

• 감정의 근원은 욕구, 목적은 안정감 유지

자극에 대하여 자신의 반응 형태를 인식하는 것은 쉽지 않다. 게다가 주어진 자극에 대하여 내면에서 일어나는 복잡한 감정, 생각, 욕구와 가치 및 신념 등을 성찰할 수 있어야 변화할 수 있겠으나, 이는 결코 만만한 일이 아니다. 한순간 자신의 행동을 이끌어 온 복잡한 내면의 상태를 알아차린 듯하지만 그 또한 마음 알아차림에 대한 오랜 훈련이 있는 경우에 가능한 일이며, 알아차렸다고 느끼는 그 순간조차도 둘러싼 환경에 의한 자신의 해석 결과일 수 있다. 이렇게 복잡하고 시시각각 변화하는 자신의 내면세계를 알아보기에 가장 좋은 척도는 감정이다. 감정을 알아차리는 것이 가장 쉬울 뿐 아니라 감정의 원인이 되는 욕구, 신념, 가치를 해석할 수 있고 이를 통해 자신의 행동을 비교적 객관적으로 확인할 수 있다. 인간은 살아있는 동안 끊임없이 다양한 욕구가 일어난다. 배가 고플 때 먹고 싶은 욕구, 사랑하는 사람을 만지고 싶은 욕구, 졸릴 때 자고 싶은 욕구 등 신체적인 욕구는 말할 것도 없고, 심리적인 욕구는 더 자주 자신도 모르는 사이 일어났다 사라진다. 건강한 몸을 유지하기 위해 탄수화물, 단백질, 지방의 3대 영양소가 고루 갖추어져야 하듯이, 건강한 마음을 유지하기 위해서는 자율성, 성취감, 친밀감이라는 3가지 심리적인 욕구(Ryan & Deci, 2002)가 충족되어야 한다.

마음은 안전감을 유지하려는 방향으로 지속적인 노력을 기울인다. 수시로 발생하는 3가지 심리적 욕구로부터 생겨나는 감정을 다스리는 것도 심리적인 안전감을 추구하는 방향으로 작동한다. 한 가지 욕구가 생겼을 때 이를 충족하면 긍정적인 정서가 생기고, 충족하는데 실패하면 부정적인 정서가 생긴다. 이렇게 감정이 관찰될 때가 자신의 욕구를 확인할 수 있을 때이다. 그러나 같은 욕구라 하더라도 사람마다 생성되는 감정은 다르다. 욕구와 감정 사이에 자신의 해석 즉, 생각이 작용하기 때문이다. 인간은 자신의 경험과 주어진 환경에 대한 해석을 하기 때문에 모든 인간의 생각은 독특하다. 따라서 감정의 강도와 종류도 다양하다.

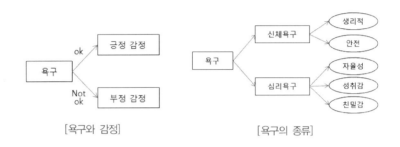

[욕구와 감정]　　　　　　[욕구의 종류]

　욕구가 감정의 근원이기 때문에 욕구의 종류에 따라 또 욕구 충족 여부에 따라 발생하는 감정의 종류가 다르다. 자신이 선택하고 행동하고 싶은 욕구를 자율성이라 하고 자율성이 충족되면 자부심이 생길 수 있으며, 나보다 힘센 타인이 나를 통제하려 하면 좌절감, 분노, 비참함 등의 감정이 생긴다. 자율성의 욕구가 충족된 심리적 상태가 자기통제감인데, 이것은 자신의 생각과 행동, 결과에 대해 스스로 통제할 수 있다는 인지적 평가이고, 성취감은 자기효능감, 친밀감은 자기가치감이라는 인지적 평가이다. 이 세 가지가 모두 충족될 때 자존감이 건강한 상태에 있다고 할 수 있다. 다음 그림과 같이 인간은 안정감을 추구하는 방향으로 욕구에 따라 감정이 생성되고 조절된다.

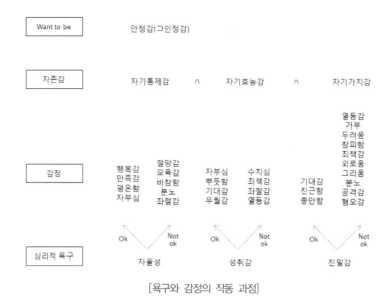

[욕구와 감정의 작동 과정]

　자존감은 자기를 존중하는 마음이다. 학자에 따라 자존감에 대한 구성을 달리 말하고 있다. 이 책에서는 자율성, 성취감, 친밀감의 심리적 욕구에 따라, **자기통제감, 자기효능감, 자기가치감**으로 구성 요소를 규정하고자 한다. 그러나 성취감과 친밀감 충족의 대전제는 자율성에 기반 한 것이어야 한다. 뒷부분에서 자존감의 전제를 안정감과 자기결정성으로 제안한 것과 같은 맥락이다. 자기결정성은 자기통제감의 선행 조건이고 자기통제감이란 자신이 스스로 판단하고 선택하며 행동을 조절할 수 있다는 느낌으로 매 순간마다 스스로 결정할 수 있어야 한다는 의미이다.

2장.

'자기'를 형성하고
'자기'로 살아가기

1. 안정애착과 불안정애착

● 세상과 관계의 심리적 기초 작업, 애착

존 보울비John Bowlby는 1969년에 최초로 아이와 엄마의 유대관계를 애착이론으로 설명하였다. 전쟁고아들의 정신건강에 대한 연구를 수행하면서 고아원에서 자란 아이들이 음식과 안전한 환경에 있음에도 불구하고 우울증과 같은 다양한 심리적 문제를 나타낸다는 것을 발견하였다. 심지어 상당수의 고아들은 신체적 발육이 저하되었고 일부는 사망하기도 하였다. 이러한 불행한 결과를 발견한 보울비는 정서적 유대관계에 관심을 두어 아동의 정상적인 발달을 위해서는 적어도 한 명의 성인 양육자와 따뜻하고 지속적인 애착관계가 필요하다고 주장하였다.

애착이란 특정한 두 사람 간에 형성되는 정서적인 유대관계이다. 어린아이가 애착을 느끼는 특정 인물은 세상을 탐색하는 안전기지의 역할을 하며, 유아는 엄마가 어디에 있는지 끊임없이 살피며 엄마가 가까이 있으면 안전감을 느끼면서 잘 놀지만, 엄마와 너무 멀어지게 되면 불안해하며 엄마에게 가까이 가려고 노력한다. 이처럼 애착은 유아가 양육자와의 거리를 잘 조절하면서 독립적인 존재로 성장하는 바탕을 형성하게 된다.

이후 에인즈워스Ainsworth가 네 가지 애착유형을 제시하였다. 먼저 안정애착과 불안정애착으로 구분하며 불안정애착은 다시 회피애착, 불안애착, 혼돈애착으로 구분하였다.

- 안정애착은 아동이 엄마와 함께 있을 때 편안해지며 잘 놀고 이별에는 적절한 불안을 보이며 엄마가 복귀하면 불안이 신속하게 완화되는 모습을 보인다.
- 불안정 회피애착은 아동이 엄마와의 이별에 무관심할 뿐 아니라 엄마가 돌아와도 품속에 안기기를 회피하는 모습을 보인다.
- 불안정 저항애착은 아동이 엄마가 곁에 있는지 항상 신경 쓸 뿐만 아니라 엄마와의 이별에 극심한 불안을 나타내고 엄마가 돌아와서 달래도 밀쳐내며 저항하는 모습을 보인다.
- 불안정 혼돈애착은 아동이 몸을 흔들거나 얼어붙는 모습을 나타내는 등 일관성 없는 행동을 보이는 아동으로 회피와 저항이 복합된 반응을 보인다.

애착유형은 엄마의 양육행동과 밀접하게 관련 있다. 일관성 있는 행동을 통해서 지지적인 애정을 나타내는 엄마의 유아는 안정애착을 하지만 일관성 없이 변덕스런 행동을 나타내거나 비판적이고 거부적인 행동을 통해 양육하면 유아는 불안정애착을 형성한다는 것이다. 이렇게 형성된 애착 패턴은 아동이 자신과 타인과의 관계 맺는 방식에 지속적인 영향을 미치게 된다. 유아기에 안정애착을 형성한 아동은 부모에게 적절한 방식으로 자기주장을 할 뿐만 아니라 세상을 적극적으로 탐색하며 문제해결에서도 끈기를 보이며 좌절을 경험하게 되면 다른 사람에게 도움을 청하거나 위안을 구하는 행동을 한다. 또한 의존성과 자율성의 균형을 유지할 수 있게 된다. 유아기에 불안정 애착을 형성한 아동들은 또래들과 잘 어울리지 못하며 융통성이 없고 고집스러운 모습을 보이거나 우울하고 위축된 모습을 나타내는 경향을 보인다.

● **애착유형에 따라 형성되는 '자기'와 '타인'**

일단 형성된 애착유형은 전 생애에 걸쳐 지속적인 영향을 미친다. 즉, 성인애착 유형은 유아기의 애착패턴과 일치하며, 성인기의 이성 관계에서 두드러지게 나타난다. 자신과 타인에 대한 긍정적 또는 부정적 이미지는 성인의 애착 유형에 영향을 미치게 된다.

안정애착을 형성한 사람은 자신과 타인에 대해서 긍정적인 이미지를 형성하지만, 자신과 타인 모두에 대해서 부정적인 이미지를 형성하게 되면 타인을 두려워하고 회피하는 공포-회피(fearful-avoidant prototype) 유형으로 나타난다. 자신에 대해서 부정적인 이미지를 지니지만 타인에 대해서 긍정적인 이미지를 지닌 사람은 타인과의 과도한 친밀감을 추구하는 동시에 거부에 대한 불안을 지니는 집착유형(preoccupied prototype)을 나타난다. 자신에 대해서는 긍정적인 이미지를 지니지만 타인에 대해서 부정적인 이미지를 지닌 사람은 타인과의 친밀한 관계를 불편해하며 과도하게 독립적인 삶을 추구하는 거부-회피 유형(dismissing-avoidant prototype)을 나타낸다.

즉 유아기에 안정애착을 형성한 사람은 자신과 타인에 대한 긍정적인 이미지를 지니고 있기 때문에 자신감을 지니고 다른 사람에게 쉽게 다가간다. 상대방의 생각이나 욕구를 고려하여 호의적으로 반응하는 따뜻한 상호작용 패턴을 지니고 있고 상대방을 신뢰하기 때문에 사소한 갈등이나 좌절에 대해 과도한 감정반응을 나타내지 않는다. 상대방과의 친밀한 관계를 편안하게 느낄 뿐만 아니라 서로의 독립성을 인정하며 상대방에게 과도하게 집착하지 않는다. 안정된 애착패턴을 지닌 사람은 대인관계에서 의존과 독립의 균형을 잘 이룰 수 있게 된다.

결국, 안정애착의 특성은 자존감의 기반이라 할 수 있다.

• **파이프라인으로 형성되는 자기 이미지(self image)**
  −자기존재감, 자기개념, 자아존중감

['자기이미지' 형성의 파이프라인]

인간은 태어나서 자기를 의식할 수 있을 때부터 '자기존재감'이나 '무시당함'을 느낀다. 이러한 경험들이 쌓여 '나는 어떤 사람인가' 하는 자기개념으로 형성된다. 긍정적 자기개념은 높은 자아존중감으로 부정적 자기개념은 낮은 자아존중감이 자리 잡는 결과를 낳으며 이는 마치 파이프라인을 통하여 형성되어가는 '자기 이미지'에 대한 개념으로 확장된다고 볼 수 있다.

2. 자기를 느끼고 싶어 하는 존재, 자기존재감 (自己存在感)

인간은 '자기로 존재'하고 싶어 하고 '자기가 되어 가고 싶어' 하는 존재이다. 자기로 존재한다는 것은 온전히 자기가 스스로 감정을 느끼고 생각하고 판단하여 행동할 수 있는 것이다. 충분히 자기존재감을 느껴야 건강한 자아존중감이 형성될 수 있다.

어린 시절 부모님의 양육 방식이 자기로 존재할 수 있는지 아닌지에 영향을 미친다.

첫째, <u>스스로 하지 못하도록 통제하면 존재감을 느끼지 못하게 된다.</u>

아이가 아버지 기분이 상하는 게 무서워서 끊임없이 두려워하며 떨었다. 무슨 말을 하면 기뻐할까, 어떻게 하면 야단을 맞지 않을까, 아버지의 기분을 맞추는 것에만 열심이었다. 어느 순간 자신을 보니까 자신이 무엇을 하고 싶은지, 무슨 말을 하고 싶은지, 어떻게 생각하고 있는지를 알 수 없게 되어 버렸다. '자기라는 존재감'이 없어진 것이다. 부모가 지나치게 통제적이거나 과보호, 과간섭, 비판적으로 자녀를 대하면 아이는 자기라고 하는 존재감을 잃어간다. 그리고 부모가 시키는 대로 계속하던지 무기력한 아이가 되어간다. 외부의 반응을 살피고 순응하는 의존적인 아이가 된다. 한마디로 반복적인 통제를 받으면 스스로 존재하지 못하고 자주성이나 자발성을 키우는 것이 어렵게 된다. 반대로 하고 싶은 말을 하고 행동하여도 야단맞지 않고 그냥 뒤에서 지켜봐 주는 누군가가 있다면 이 아이는 '자기라는 존재감'을 느끼게 되고 자율성을 키울 수 있다.

둘째, 자신의 존재에 모두가 무심하면 존재감을 잃어버리게 된다.

아이가 어떤 행동을 해도 가족이 관심을 보이지 않는다. 식사시간이나 저녁에도 아이가 보이지 않아도 무심하다. 가족들이 식사하는 중에 아이가 들어왔는데 별 반응을 보이지 않는다. 웬만한 상처가 있어도, 아프다고 하여도, 친구들과 싸우고 와서 기분이 나빠 있어도 아무도 알아채지 못한다. 이럴 때 아이는 자신의 존재감을 드러내기 위하여 화를 내거나, 사고를 친다거나, 친절한 행동이나, 애교를 부려볼 수도 있다. 이러한 행위에도 주위에서 별 반응을 보이지 않는다면 '자기라는 존재감'을 잃어버리게 된다. 이것은 자신이 생각하기에 지나친 수준의 지나친 기대를 하는 부모인 경우에도 생길 수 있다.

● 타인의 반응을 통해 느낄 수 있는 존재감

아이가 어떤 행동을 했을 때 엄마와 같이 중요한 타인의 반응은 아이의 존재감에 결정적 영향을 끼친다. 아이의 행동에 대해 엄마는 반응과 무반응 할 수 있으며, 반응의 형태는 긍정행동반응, 부정행동반응 그리고 무조건적 수용적 반응으로 나눌 수 있다. 예를 들어 반응을 잘 하는 엄마라 하더라도 자신의 가치관에 비추어 아이의 잘못된 행동에 주로 반응하는 엄마가 있다. '그거 하지 마.' '그러면 혼난다.' '편식하지 마.' '공부 좀 해.' 등의 반응이다. 반대로 아이의 잘된 행동에 주로 반응하는 엄마도 있다. '인사도 잘하네.' '그림을 잘 그렸네.' '심부름도 잘하지.' 등이다. 이 두 가지는 모두 엄마의 가치관에 따라 아이의 행동을 통제하고 조정하기 위한 엄마의 의도가 수면아래 깔려있어 바람직하지 않다. 인류 역사 이래 사람이 타인을 조정하고 통제하기 위해 사용해온 주된 도구는 '칭찬' 과 '질책' 즉 당근과 채찍이었다. 질책은 단기간에 그리고 잘못된 행동을 교정하는데 효과가 있으며 칭찬은 장시간에 걸쳐 그리고 잘한 행동을 강화하는데 효과가 있다고 알려져 있다. 그러나 엄마의 가치관과 아이의 가치관이 충돌하거나 혹은 아이의 자아의식이 자라면 칭찬도 더 이상 효과가 없다. 가장 좋은 반응은 무조건적이고 수용적인 반응이다. 이것은 엄마의 가치관에 따라 좋고 나쁘고를 판단하지 않고 아이의 감정, 행동을 그대로 읽어주는 반응 유형으로 칼 로저스와 같은 인간중심 심리상담가들의 말에 따르면 한 인간이 자아실현하기 위해 반드시 필요한 심리적 환경이라 할 수 있다. 물론 가장 나쁜 것은 무반응 하는 경우이다. 어떤 행동을 해도 타인으로부터 반응이 없을 때 사람은 자신이 무가치하고, 무능력하며 아무것도 통제할 수 없다고 느끼는 '학습된 무기력 (learned helplessness)' 상태에 빠지게 된다.

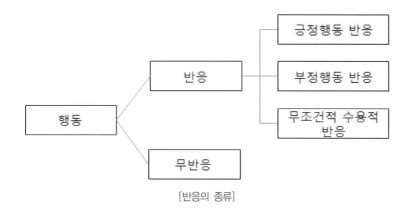

[반응의 종류]

　유진이는 노래를 잘 한다. 혼자 있을 때에도 어른들이 있을 때에도 노래를 곧잘 한다. 이때 어른들이 '유진이 노래 잘 하네'라고 피드백을 주면 유진이는 자신의 존재감을 느끼고 자신이 노래를 잘한다는 사실을 알게 된다. 만약 노래하는 유진이에게 아무도 관심을 가지지 않고 들은 척도 하지 않는다면 유진이는 자신이 노래를 잘하는 줄도 모르고 얼마 있다가 더 이상 노래하지 않게 될 수도 있다.

　유진이의 경우 자기존재감을 느끼지 못하게 되고 이것은 부정적 자기효능감 형성에 영향을 미친다. '자기로 존재'할 수 있어서 '존재감'이 충족된 아이는 주체적이고 자율적인 아이가 되지만 '존재감'이 충족되지 못한 아이는 타인의 반응에 지나치게 민감하거나 무디며 종속적이고 공허함을 가진 아이로 자란다.

　이렇게 형성된 자기존재감은 자기개념으로 자라고 자존감의 밑거름이 된다. 자아존재감은 존재에 대한 무조건적 긍정적 존중과 아이의 존재에 대한 충분한 인정을 받고 자랄 때 충족될 수 있다.

　아이가 자기존재감을 형성하기 위해서는 어떻게 대할 것인가?

아이가 부모에게 의존할 수밖에 없는 어린 시절에 자기존재감이 충족되거나 불충족되고 이것이 자기개념으로 자리 잡고 자기존중감으로 형성된다.

부모에게 의존할 수밖에 없는 연약한 아이처럼 보일지라도 아이는 끊임없이 '자기의 존재감'을 만들어간다. 그러므로 아이가 자기 자신일 수 있도록 허용해 주는 심리적 토양을 만들어 주는 것은 부모의 몫이다.

먼저, 아이가 독특한 개성의 소유자라는 것을 인정해야 한다. 아이가 자신을 제대로 표현하지 못한다 할지라도 아이의 욕구와 특성, 상황, 발달단계 등을 고려하여 양육해야 한다.

둘째, 수용의 원리로 자녀의 있는 그대로의 모습을 받아주도록 노력하는 것이다. 내성적 성격, 소극적 성격도 그대로 읽어주어야 한다. 사람은 자신의 약점과 강점을 인정할 수 있을 때 자존감이 높아진다는 점을 생각해 본다면 있는 어떤 모습이라도 있는 그대로 수용해 주어야 한다.

셋째, 자기결정의 원리로 아이의 성장과정에 따라 작은 것부터 스스로 결정하도록 하고 아이가 결정한 것에 대해서는 존중해야 한다. 이렇게 스스로 결정하는 습관이 되어야 청소년이 되었을 때 스스로 자신이 나아갈 방향을 숙고하고 선택할 수 있으며, 그런 욕구 및 잠재 가능성을 자극하여 자기를 실현시켜 가도록 도와야 한다.

넷째, 공감적 이해의 원리로 공감적 이해가 자녀에게 전달되면 자신이 이해받고 있다는 느낌을 받게 된다. 이해받는다는 것은 자신의 존재에 대한 신뢰와 인정으로 연결된다.

● 어린 시절 자기존재감을 언제 느끼는가?

이선영(2016)은 초등학생이 학교생활 중에 경험한 존재감 양상 기술에 대한 연구에서 초등학교 4학년을 대상으로 자신이 존재감을 느끼는 상황을 적도록 한 뒤 이것을 범주화 한 결과, '지금의 나 발견하기'와 '미래의 나 내다보기'의 두 범주로 구분하였고 '지금의 나 발견하기'는 다시 '개인적 존재감'과 '관계적 존재감'으로 구분하였다. '지금의 나 발견하기'는 지금까지 몰랐던 자신을 발견할 때로 개인적 존재감은 '성취'와 관련되며, 관계적 존재감은 다른 사람과의 관계에서 '의미·기여'와 관련된다. 다음은 '미래의 나 발견하기'로 이것은 자신의 소질이나 재능을 발견하거나 자신에 대한 믿음을 확인하는 범주로 분류하였다. 초등학생을 대상으로 한 연구이지만 이렇게 형성된 자기존재감이 성인이 된 이후의 심리적 자산이 된다는 점과 인간 내면의 특징은 쓸수록 강화되고 쓰지 않으면 약화된다는 특징에 비추어 볼 때 성인이 되어서도 유사한 양상을 보일 것으로 추측해 볼 수 있다.

범주	구분	주제	예시
지금의 나 발견하기	개인적 존재감	'정말 내가?' 예상치 못한 상황에서 나를 발견할 때	· 처음 있는 일 · 뜻밖에 일어난 일
		'내가 이제는 할 수 있구나!' 과거와 다른 현재의 나를 느낄 때	· 과거와 뚜렷하게 다른 나를 느낄 때 · 발전하고 성장해 나가고 있다는 과정 그 자체를 경험할 때
		'내 힘으로 해냈어!' 스스로의 힘으로 성취했을 때	· 스스로의 선택과 결단을 통해 성취했을 때 · 스스로 노력하는 과정을 거쳐 성취했을 때

	관계적 존재감	'내가 아니면 안 돼!' 다른 이에게 기여하거 나 다른 이를 위해 활 약할 때	· 1인 1역할을 할 때 · 교실에 있는 사물과 관계를 맺을 때 · 유능한 영역에서 주도적으로 다른 이들을 　도울 때 · 적극적으로 도움이 필요한 상대와의 경험 속 　에서 다른 이들을 위해 큰 활약을 했을 때
		'나를 바라봐주는 사 람들이 있구나!' 다른 이들의 특별한 관심을 받을 때	· 비공식적인 상황에서 개인적으로 관심을 　받을 때 · 공식적인 상황에서 대중들의 관심을 받 　을 때
		'나는 다른 애들과 달라!' 다른 이와는 차별화된 나를 발견했을 때	· 나의 능력이 절대적으로 특출하여 차별화 　된 경우 · 평범한 아이들과 견주어 상대적으로 차별 　화된 경우
미래의 나 내다보기		'내가 이럴 수 있구나!' 나의 가능성을 발견했 을 때	· 소질 및 재능 발견 · 장래희망이 생김
		'나를 믿어!' 미래의 나 자신에 대 한 믿음과 확신	· 나에 대한 믿음
		'다음에도 그럴 거야!' 앞으로도 잘 하고자 하는 의지	· 같은 상황에서 다른 상황으로의 확장

● 사람은 자기존재감을 어떻게 느끼는가?

Elliott 등(2001)은 존재감이란 '한 개인이 자신을 둘러싼 세계
에 중요하고 의미 있다고 생각하는 신념에 대한 자각'이며 인식
(Awareness), 중요성(Importance), 의존(Reliance)의 세 가지 요소로
구성되어 있다고 주장하였다.

인식(Awareness)은 타인들이 자신의 존재를 깨닫는 감각에 대한
것으로 대부분의 사람들은 자신이 타인으로부터 긍정적인 관심을
받기를 선호한다. 이것에 실패하면 사회적으로 바람직하지 않은 방
법으로 행동하게 된다. 부정적인 관심이라도 받는 것이 전혀 관심

받지 않는 것보다 낫다. 흔히 사랑의 반대를 무관심이라고 하지 않는가? 따라서 누구에게도 중요하지 않다는 느낌을 갖는 사람은 다른 사람들의 주의를 끌기 위한 방법으로 사회에 영향력을 미치기 위해 극악무도한 행동을 할 수도 있다.

중요성(Importance)은 자신이 타인에게 관심의 대상이 되는지에 대한 판단으로, 자신과 중요한 타인 사이의 관계를 의미한다. 관계는 양방향적이기 때문에 중요성과 의존 두 가지로 구분된다. 중요성은 자신이 타인의 관심이나 흥미의 대상이라면 타인이 자신을 중요하다고 느낀다는 것이다. 예를 들어 타인이 나의 불만을 들어줄 수도 있고, 나의 성취에 대해 자랑스럽다고 말해줄 수도 있을 것이다.

의존(Reliance)은 타인이 욕구와 필요를 충족하기 위해 자신에게 의지하는가에 대해 자신이 느끼는 것이다. 사람들은 모두 자신이 타인에게 중요한 사람이 되고 싶어 한다. 타인이 자신에게 관심이 없다고 느끼면 긍정적이든 부정적이든 고려하지 않고 어떤 행동을 하여, 타인에게 자신이 중요한 존재라는 것을 인식시키려 한다. 이렇게 자신이 필요한 존재, 타인에게 의미 있는 존재, 중요하다는 느낌은 개인의 삶에 의미를 준다.

[존재감의 요소 (양식1. 자기존재감 측정도구)]

인식(Awareness)	중요성(Importance)	의존(Reliance)
나는 타인에게 관심의 대상이다	나는 타인에게 중요한 대상이다	타인은 나에게 의존 한다
타인 : 　나를 주목하는가? 　나를 의식하는가? 　나와 친한가? 　나의 이름을 기억하는가? 　나의 존재를 알고 있는가? 　나에게 주의를 기울이는가? 　나를 무시하지 않는가?	타인 : 　나에게 자원을 투자하는가? 　나의 필요에 신경 쓰는가? 　나를 자랑스럽게 여기는가? 　내가 하는 것에 관심이 있는가? 　내가 잘되게 하기 위해 나를 　비판하는가? 　나를 위해 자신이 불편을 감수 　하는가? 　자아-확장으로써 나를 보는가? 　나에게 귀 기울이는가?	타인 : 　나의 조언을 찾는가? 　나에게 지지를 구하는가? 　나를 필요로 하는가? 　나를 신뢰하는가?

출처 : Elliott, G. C., Kao, S., & Grant, A. M. (2004). Mattering: Empirical Validation of a Social-Psychological Concept. Self and Identity. 3. p343.

앞에서의 두 연구결과를 통하여 자기존재감은 자신의 '유능성'과 '관계성'의 교집합으로 생각할 수 있다. 상대가 나의 능력을 알아봐 주고 의지하는가? 나라는 존재와 친밀하고 싶어 하거나 나를 의식 하는가? 이다. 초등학생의 자기존재감에 대한 연구와 연결해 볼 때 인간이 자기존재감을 느끼는 것은 결국 **'자율적인 성취를 통한 유능감'**과 **'친밀한 관계'**라고 할 수 있다.

[자기존재감을 느끼는 상태]

- 인간은 자기존재감(=自存)을 채우려는 존재

"그대의 존재가 적으면 적을수록, 그대의 생명을 덜 표현할수록, 그만큼 많은 것을 원하게 되어 그대의 소외는 더 커진다."

- 칼 마르크스

인간은 어떤 형태라도 자기존재감을 확인하고 채우려고 한다. **자기 스스로 채우거나 외부확인**을 통해 채우는 방식이다. 어린 시절부터 스스로 자기존재감을 형성할 수 있었던 사람은 성인이 되어도 스스로 채울 수 있겠으나 그렇지 않은 사람은 끊임없이 외부확인을 통해 채우려 한다. 자신의 존재감을 나타내는 방식도 개인마다 습관화되어 자동적으로 행동하기 때문에 자신은 의식하지 못하기 쉽다. 그러나 잘 생각해 보면 자신의 존재감을 나타내는 방식을 찾아낼 수 있을 것이다.

예를 들어 폭력은 자기존재감을 회복하기 위한 잘못된 수단이다. 자기증명의 수단으로 명품으로 치장하고 비싼 차를 타거나, 지적 허영심, 멋진 외모나 넘치는 근육, 과도한 업무처럼 다양한 모습으로 나타난다. 이를 통해 자신이 살아있고 살아갈 가치가 있음을 확인하고 또 확인받고 싶어 한다. 이것은 자신의 가치를 외적인 것이나 남을 통해 인정받으려는 의존적인 심리이다. 자신이 부족하기 때문에 자꾸 남에게 의존하게 된다. 또 자기에 대한 존재감이 적을수록 필요이상의 소유와 활동에 연연하기 쉽다.

존재감이 약한 사람일수록

'나 예뻐?' '나 잘했지?' '나 어때?'

'아무 말 하지 않고 팔짱을 끼고 무뚝뚝한 모습으로 있기'

'웃기지도 않는데 억지로 웃음을 만들어 내는' 등의 방식으로 자신의 존재를 드러내는 방식의 외부확인을 통해서 자기존재를 확인받고 증명해 보이고자 하는 충동이 강하다.

또 다른 예로, '저 사람이 나를 무시하나?' '무슨 생각을 하지?' '○○라고 생각할 거야.' 하고

수시로 상대가 자신을 어떻게 생각하는지를 스스로 판단하고 화를 내거나 억울해 하는 경우이다.

결론적으로 스스로 자기존재감을 채울 수 없는 사람은 외부의 확인을 받아서 채우려 한다.

이러한 외부확인을 통한 자기존재감도 자존감을 높이는데 도움이 된다. 하지만 이렇게 높아진 자존감은 매우 위험하다. 어떤 모임에서 재미있는 이야기로 인정받고 있는 나는 훨씬 재미있는 이야기를 하는 친구가 나타나는 순간 나의 존재감은 파괴될 수 있기 때문이다.

중요한 것은 인간은 사회 속에서 살아가기 때문에 자기존재감을 건강한 방식으로 드러내는 습관화가 중요하다. 이것은 어릴 때 부모와 같은 의미 있는 타인과의 상호작용을 통하여 형성이 되며, 성인이 된 다음에도 영향을 미친다. 만약 어떤 사람이 자기존재감을 어디에서도 느낄 수 없다면 그 사람은 심한 외로움과 고독감 그리고 자신에 대한 무기력증에 시달릴 것이다.

3. 자기에 대한 신념, 자기개념(自己概念)

What matters most is How you see yourself !
가장 중요한 것은 자신이 자신을 어떻게 생각하느냐이다.

● **인간은 자기표현적 존재**

인간은 태어나면서부터 자기의 존재를 표현한다. 위에서 설명한 자기존재감도 사실 타인에게 자기를 성공적으로 표현했을 때 가지는 감정이다. 전적으로 누군가에게 의존할 수밖에 없는 유아 때부터 자기를 표현한다. 울기도 하고 웃기도 하고 알아들을 수 없는 소리를 내기도 한다. 말을 배우면서 의미를 담아 언어로 표현을 한다. 율동을 배워 몸으로 표현을 하기도 한다. 레고나 인형과 같은 다른 대상을 이용하여 자기의 원하는 바를 표현한다. 어찌 보면 자기표현은 인간의 기본적인 욕구라고도 할 수 있다.

그렇다면 자기란 무엇인가? 자기와 자기가 아닌 것을 구분할 수 있는 경계선은 무엇인가? 또 자기를 표현한다는 것과 자기를 표현하지 못한다는 것은 어떤 의미를 갖는가?

사전에는 자기와 자아는 유사어이며 자아는 철학, 문학, 심리적으로 표현이 되어 있다.

자아(自我)
[철학] **사고, 감정, 의지, 체험, 행위** 등의 여러 작용을 주관하며 통일하는 주체
[문학] 특히 시에서 작품에 나타난 **사상, 감정** 따위의 주체

[심리] 자기 자신에 대한 **의식**이나 **관념**

이 표현들에 따르면 자기라고 하는 개체에는 **감정, 생각(사상, 관념, 의식), 의지(욕구, 행위)**가 포함된다. 자기를 표현한다는 것은 자기가 느끼는 감정, 자기가 가지는 생각, 자기의 의지를 상대에게 알린다는 것이다. 자기를 표현하는 것은 자기를 알아달라는 신호이다.

5살 된 순이는 혼자 있을 때 그림을 곧잘 그리곤 했다. 보이는 것이나 상상한 것을 스케치북에 그리고 있을 때면 외롭지도 무섭지도 않았다.

순이는 분명 그림으로 자기의 내면세계를 표현하고 있다. 표현한다는 것은 알아주었으면 하는 대상을 필요로 한다. 예술의 세계는 타인이 알아주지 않아도 자기스스로가 알아주고 만족하는 경우도 있다. 하지만 대부분 자기표현은 알아주기를 원하는 대상이 있다. 자기표현의 성공은 알아주기를 기대한 상대의 반응을 통해 결정된다. 상대의 긍정적이고 수용적인 반응을 확인할 때 자기표현에 성공했다는 안도감이 들고 긍정적인 자기 이미지 형성에 도움이 된다.

이러한 자기표현에 성공한 순간 '나는 잘할 수 있어.'라는 자기효능감, '사람들에게 난 가치 있어.'라는 자기가치감, '나는 이 정도는 통제할 수 있어.'라는 자기통제감을 동시에 경험하면서 심리적인 안정감을 누리게 된다. 이러한 작은 자기표현의 성공경험이 쌓여야 긍정적이고 안정적인 자기개념을 형성할 수 있게 된다.

만약 어떤 아이가 다양한 방식으로 자기를 표현하였으나, 상대가

자신을 알아주고 받아들여 주지를 않았다면 아이는 무기력감에 빠져 사람들에게 자기를 알리기를 포기하고

'나는 사람들에게 별 가치가 없나 봐.'

'나는 사람들과 친밀하지 못한 존재인가 봐.'

'사람들은 나에게 별 관심이 없나 봐.'라는 자기의 존재에 대한 부정적 개념을 형성하게 된다. 이것은 낮은 자신감으로 형성되어 다음 기회에 사람들을 만날 때 더욱 소극적으로 자기를 표현하는 악순환 고리가 형성된다.

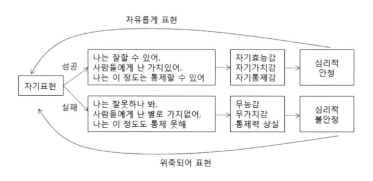

[자기표현의 성공과 실패 경로]

순이 엄마는 집에 돌아오면 늘 '오늘 우리 순이 뭐했어?' '참 잘 그렸네, 이건 뭐야?'라며 순이의 그림을 보며 반응해 주었다. 순이는 그림 그리는 것을 더 좋아하게 되었다.

순이가 아무리 그림을 그려도 아무도 알아주지도 봐주지도 않는다면 더 이상 그림을 그리지 않게 될 수도 있다.

순이처럼 어릴 때 자기를 표현하였을 때 부모와 같은 의미 있는 타인이 이해하고 받아들여준 경험이 있다면 그 사람은 그 표현방식을 효과적인 것으로 판단하고 습관화한다.

'떼써서 원하는 것 얻어내기'

'포기하고 우울에 빠져있기'

'애교 부려서 관심을 얻어내기'

'화를 내서 원하는 것 얻어내기'

'얌전하게 있어서 사랑받기'

'이것저것 번갈아 가며 써보기'

어떤 한 방식이 통했다면 그것을 자기의 표현방식으로 습득하여 습관화하게 된다.

효과적으로 자신을 표현하고 상대로부터 수용, 인정되었을 경우 세상이 **'안전하다'**는 기본감정을 가지게 되지만 그렇지 않았을 경우 **'불안하다'**는 기본감정을 가지게 된다. 이것은 자기에 대한 스스로의 생각인 자기개념과 인간관계에 대한 대인개념의 기초를 형성하게 된다. 자기개념은 타인들이 자신에게 보여준 반응들에 대한 자신의 해석 또는 평가이다. 자기개념은 사람들을 대하거나 새로운 일에 도전을 할 때 심리적인 자산이 된다. 긍정적 자기개념을 가진 사람은 적극적이고 자신감을 가지고 새로운 경험에 접근하며 부정적 자기개념을 가진 사람은 소극적이고 무력감을 가진 채 새로운 경험에 접하게 된다. 부정적 혹은 긍정적 자기개념은 새로운 경험에 접근하는 태도를 결정하게 되고 이러한 태도는 결과에 상당한 영향을 미친다. 이것은 악순환과 선순환을 형성하게 된다.

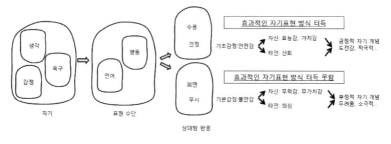

[자기표현과 자기개념 형성]

• 자기 자신에 대한 가장 중요한 신념, 자기개념대로 행동하는 존재

인간은 자기 자신에 대해서 가지고 있는 생각과 신념 즉, 자기개념에 따라 삶에 대한 태도와 다른 사람을 대하는 태도가 달라진다. 자신은 장점이 많고 유능한 사람이라고 믿는 사람은 대인관계에서 자신 있고 당당하게 행동한다. 반면 자신은 나약하고 단점이 많은 사람이라고 믿는 사람은 자신감이 없고 소극적인 삶에 대한 태도와 대인행동을 나타내게 된다. 즉, 자기 자신에 대한 신념체계인 자기개념은 삶에 대한 태도에 영향을 미치는 매우 중요한 심리적 요인이다.

앞에 있는 인간행동 모델을 이용하여 살펴보자.

철민 씨와 인숙 씨는 결혼한 지 3개월 된 신혼부부이다. 철민 씨는 평소 선배들로부터 부인과 함께 취미활동을 함께 하는 것이 좋다는 조언을 많이 받아 왔다. 그래서 취미로 무엇을 하면 좋을까 생각을 하다가 평소 골프 치는 여성이 멋있어 보이던 터라 골프를 함께 하자고 제안하였다.

그런데 부인 인숙 씨는 생각도 해보지 않고 단번에 반대를 하는 것이었다. '골프에 관심이 없다', '비용이 비싸다' 등의 이유를 대기는 했지만 인숙 씨의 내심에는 평소 운동신경이 부족하고 뚱뚱한 자신이 골프를 치는 것에 자신이 없었던 것이다.

[인숙 씨의 행동 모델]

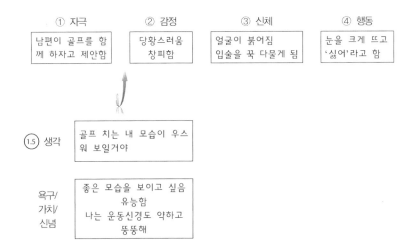

그러나 아무리 외향적이고 적극적으로 도전하는 사람이라 할지라도 모든 사람과의 만남을 즐기거나 모든 활동에 적극적으로 도전하지는 않는다. 자신의 신념 체계를 구성하고 있는 자기개념과 일치하는 것에 적극적으로 도전하고 대인개념과 일치하는 사람들과 활발하게 만날 것이다.

• 자기개념의 다양성

내가 누구인가? 자기(self)에 대해 연구한 Markus & Nurius (1986[1])는 자기를 현재의 자기(currunt self), 당위적 자기(ought self), 이상적 자기(ideal self)로 구분하였다. 이 세 가지는 모두 자신의 평가이다.

현재의 자기(current self)는 현재의 자기 모습으로, 나는 지금 무엇을 잘하고 있고 무엇을 못하며 누구와 관계가 좋고 나쁘며 나는 외향적인지 내향적인지 등에 대한 자신의 평가이다.

당위적 자기(ought self)는 주변 여건에 의해 기대되어지는 나의 모습으로, 자신이 삶을 이끌어가는 가이드 역할을 하게 된다. 나는 이래야 한다. 이런 것은 하지 말아야 한다. 거짓말을 하면 안 된다. 사람에게 친절해야 한다. 일종의 행동 신념이라 할 수 있다.

이상적 자기(ideal self)는 자기가 정말 원하는 모습이다. 시간 관리를 철저하게 하는 사람이 내면을 들여다보니 사실은 고성과를 원하며, 고성과를 원하는 이유를 다시 들여다보니 다른 사람들로부터 인정받고 싶은 욕구가 있었다. 이것이 바로 이상적 자기이다.

이상적으로 꿈꾸는 자기 모습을 상상하고 싶다면 스스로에게 질문해 보면 된다.
예) 나는 좋은 차를 사고 싶다.
좋은 차를 타고 무엇을 하고 싶은가? - 좋은 차를 타고 강의를 하러 가고 싶다.
좋은 차를 타고 강의를 하러 가면 무엇이 좋은가? - 폼이 날

---

1) Markus H., Nurius. P(1986). Possible selves. American Psychologist, 41, 954-969

것 같다.

폼이 나면 무엇이 좋은가? - 사람들이 나를 인정해 주고 나는 자부심이 생길 것 같다.

이 경우 이상적 자아는 사람들에게 인정받는 순간의 자부심을 누리고 싶은 자신이다.

현재의 자기와 당위적 자기 및 이상적 자기가 일치하는 사람을 완전한 인간이라 할 수 있다.

현재의 자기와 당위적 자기 사이에 괴리가 크면 부끄러움, 수치심, 분노, 좌절의 감정을 경험한다. 현재의 자기와 이상적 자기 사이에 괴리가 크면 우울감, 슬픔, 허무의 감정을 경험한다.

● 자기개념(self-concept)의 구성요소

심리학자 윌리엄 제임스William James는 1890년 생활 속의 여러 가지 경험 내용을 저장하는 인지구조로서 자기개념을 크게 3가지 구성요소로 구분하여 제시하였다.

첫째는 물질적 자기(material self)로 자신의 육체적 특성 그리고 자신의 소유물 등을 포함한다. 자신을 이루고 있으며 자신과 관계된 가시적인 물질적 측면을 말한다.

둘째는 심리적 자기(psychic or spiritual self)로 성격, 능력, 적성 등과 같이 자신의 내면적 특성을 말한다.

셋째는 사회적 자기(social self)로 타인과의 관계 속에 나타나는 자신의 위치와 신분을 의미한다. 예를 들어 사회인의 경우 자기개념의 구성요소를 다음 그림과 같이 세분할 수 있다. 또한 사람들은 각자 자기개념을 구성하는 각 요소에 대해 부여하는 중요성이 다를 수 있다.

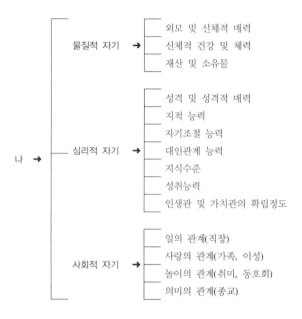

위의 각 항목별로 자신의 신념과 그에 따른 행동 패턴을 작성해 보자

[자기개념에 대한 신념과 그에 따른 행동]

자기개념에 대한 신념	결과로 나타나는 행동
예) 나는 남자들이 좋아할 만한 외모를 가지고 있지 않다.	남자들을 만나면 소극적이고 조심스럽게 행동한다.
예) 나는 새로운 분야에 공부를 잘 하지 못해.	대학원에 진학하라는 부모님의 말에 화가 난다.
예) 좋은 대학을 나와야 성공할 수 있어!	성적이 잘 안 나오게 될 때 좌절하고 무기력해 진다.

인간은 의식적이든 무의식적이든 생활경험에 근거하여 자기개념의 요소들을 끊임없이 평가한다. 그 평가결과는 자아존중감의 기초가 된다. 자신에 대한 평가가 긍정적일 때는 만족과 기쁨을 느끼지만 부정적일 때는 불만과 좌절감을 경험하게 된다. 특히 자신이 중요하다고 생각하는 자기요소에 부정적 평가가 내려질 때 심한 좌절감을 느끼게 된다.

이렇게 형성된 자기개념이 긍정적이면 자존감이 높은 사람으로 부정적이면 자존감이 낮은 사람이라 할 수 있다.

자화상

자신이 패자라고 생각하면
패자가 된다.

자신이 용기가 없다고 생각하면
결코 승리하지 못한다.

우리가 사는 세상에서
성공은 인간의 의지에 따라 좌우된다.

모든 것은 마음먹기에 달려있다.

자신이 남에게 뒤떨어진다고 생각하면
뒤떨어진다.

성공하려면 높게 생각해야 한다.
승자가 되려면 자기 자신을 믿어야 한다.

강한 사람, 빠른 사람만이
인생에서 승리하는 것은 아니다.

오직 승리할 수 있다고 확신하는 사람만이
승자가 된다.

4. 자존감(자아존중감, self-esteem. 自尊感)

● 자존감의 개념과 형성

자아존중감을 줄여서 자존감이라 하며 미국의 의사이자 철학자인 윌리엄 제임스가 1890년에 처음 사용하였다. 자신이 사랑받을 만한 가치가 있는 소중한 존재라고 느끼는 **자기가치감**과 어떤 성과를 이루어낼 만한 유능한 사람이라고 믿는 **자기효능감**으로 구성된 개념이다. 자존감이 높은 사람은 정체성을 제대로 확립할 수 있고, 정체성이 제대로 확립된 사람은 자존감을 가질 수 있다. 자존감은 객관적이고 중립적인 판단이라기보다 주관적인 느낌이다. 자신을 객관화하는 것은 자존감을 갖는 첫 단추이다.

자존감은 어린 시절 기틀을 마련한다. 유아기부터 자기표현, 자기개념 등 심리적 경험이 차곡차곡 누적되어 형성된 어느 순간의 심리적 단면이라 할 수 있다. 일반적으로 유아기에 가장 높은 편이며, 이후 현실을 알아가고 경험하면서 또래와의 비교를 통해 자신을 평가하게 되고, 자신의 자존감 또한 조정하게 된다.

부모를 포함한 가족과의 상호작용이 자존감 형성에 영향을 준다. 가족과 상호작용을 통하여 어린 시절에 배운 관계의 패턴, 그 관계 속에서 느끼고 생각하는 나에 대한 개념은 자존감의 주요한 뼈대를 구성한다. 즉 부모의 가치관이나 관계 속에서의 배움을 통해 이루어진다. 이로 인해 부모는 자신의 자존감을 그대로 자식에게 대물림 하게 되며, 어린 시절 형성된 자존감은 성인이 되어서도 영향을 미친다. 그러기에 부모님의 자존감이 아이에게 그대로 대물림되는 경우가 많다. 심지어 어떤 학자는 가장 좋은 유산이 물질적 상속이 아닌 '심리적 상속'이라고 주장하기도 한다.

결론부터 말하자면 **자율성**과 **책임감**을 믿어주는 부모님이 자녀의 자존감에 긍정적 영향을 미친다. 인간은 어떤 동물보다 나약한 존재로 태어나 타인에게 의존하는 시기가 길고 의존도가 높은 편이다. 따라서 시행착오가 많다. 하다못해 성공적으로 스스로 일어나 걷는 것도, '엄마'라는 말 한마디를 하는 것도 수백 번의 실패를 딛고 가능해 진다. 나이가 들어가면서 점점 난이도가 높은 활동들에 도전을 하게 된다. 스스로 옷을 입고 가방을 챙기고 숙제를 하기도 하고 레고놀이도 하게 된다. 어른들에게는 너무나 당연한 이 모든 활동도 충분한 연습을 필요로 한다. 그런데 엄마가 너무 사랑스러운 나머지 아이가 넘어지면 뛰어가 일으켜 주고, 넘어질까 두려워 혼자 걷거나 뛰지 못하게 하는 패턴의 상호작용을 보인다면 아이는 '나는 스스로 아무것도 못하는 아이'라는 자기개념을 가지게 된다. 자존감의 한 축인 자기효능감이 떨어지는 순간이다. 너무 극단적인 예라고 생각하는가? 아이가 성장하여 중학생쯤 되었다 하자. 아이의 수학성적이 엄마의 기대만큼 나오지 않자 엄마가 과외를 신청하여 보냈다. 그런데도 성적이 오르지 않자 학습지를 신청하고 다음에는 인터넷 강의를 신청하였다. 또 성적이 오르지 않으니 엄마는 과외 선생님을 바꾸었다 하자. 이때 아이는 자신에 대해 어떤 느낌을 받을까? '나는 수학을 스스로 잘 하지 못하는 아이'라는 개념을 가지면서 수학 무력감을 가질 것이다. 뿐만 아니라 '엄마는 나대신 학습 계획을 결정해 주는 사람'이라는 대인개념도 생긴다.

부모와의 이런 상호작용 방식을 통하여 아이는 자율성과 책임감을 기를 수 없다. 오히려 자신에 대한 무력감과 무가치감, 부모에 대한 의존감과 무책임감을 익힐 것이다.

누가 인내를 달라고 기도하면
신은 그 사람에게 인내심을 줄까요?

아니면 인내를 발휘할 수 있는
기회를 주시려 할까요?

용기를 달라고 하면
용기를 주실까요?
아니면 용기를 발휘할 수 있는
기회를 주실까요?

만일 누군가 가족이 좀 더
가까워지게 해 달라고 기도하면
하나님이 뿅하고
묘한 감정이 느껴지도록 할까요?
아니면 서로 사랑할 수 있는
기회를 마련해 주실까요?

영화 에반 올마이티 중에서

신에게 간절히 구하고 기도하면 신은 그것을 직접 주시는 게 아니라, 그것을 얻을 기회를 주신다. 아이가 건강한 자존감을 갖길 원한다면 엄마는 자율성과 책임감을 연습할 기회를 주어야 한다. 다음으로 삶에서의 경험이 자존감에 큰 영향을 준다. 삶에서 어떠한 긍정적 경험과 부정적 경험을 하였느냐에 따라 자존감은 변한다. 단순 부정적 경험이나 트라우마(trauma)가 자존감에 상처를 입히며 외상 후 스트레스 장애로 이어지는 이유는 이러한 경험에 따른 유동성 때문이다. 어떤 경험을 했는가도 중요하지만 경험을 어떤 방식으로 받아 들였는가, 즉 내적 경험이 자존감에 큰 영향을 미친다. 이런 경험은 자존감을 탄탄하게 일으켜주는 긍정적 경험과 자존감을 흔들고 무너뜨리는 부정적 경험으로 나누어 볼 수 있다. 긍정적 경험이란 우리가 수용 받고 사랑받는 경험을 말한다. 무언가를 잘해서 칭찬받고 뿌듯했던 적이 있는가? 인정받아서 뿌듯했던 경험, 누군가가 건넨 사랑의 손길, 있는 그대로 사랑받고 존중받은 경험은 우리 마음을 더 탄탄하게 만들어 준다. 우리의 자존감은 그런 경험을 바탕으로 확장되고 탄탄해진다. 부정적 경험은 우리의 자존감을 흔든다. 보통 우리가 트라우마라 부르는 경험들이 그러하다. 우리 마음에 큰 상처를 남기는 경험의 소용돌이가 지나가고 나면 우리 마음은 마치 폭풍우 이후 쓰러진 건물처럼 무너진다. 상처에 아파하기도 하고 왜 그런 일이 하필 나에게 일어났는가를 곱씹으며 자책감에 휩싸이기도 한다. 나라는 사람, 그리고 그런 나를 감싸고 있는 세계에 대한 신뢰감이 흔들리면서 크나큰 불안에 떨기도 한다.

● **자존감의 두 기둥, 자기효능감과 자기가치감**

자존감은 자신의 능력에 대한 신념인 자기효능감과 자신의 존재 자체에 대한 신념인 자기가치감의 두 기둥으로 이루어져 있다. 그리고 두 기둥의 밑바탕에는 자기통제감이 있다. 자기통제감은 스스로 판단하고 결정하고 행동을 조절할 수 있다는 느낌이다.

자기효능감은 성공에 대한 기대를 결정하고 자기가치감은 우정과 사랑과 행복에 대한 기대를 결정한다. 성공학자들의 '기대가 태도를 결정한다.'는 말이 여기에 해당될 것이다.

'어떤 일을 대할 때 성공할 것인가? 실패할 것인가?'에 대하여 자신의 기대 내지 믿음이 있다. 이것이 자기효능감이다. 효능이 있다는 것은 바라는 결과를 만들어내는 능력이 있다는 믿음이다. 절대로 실수하지 않을 것이라는 확신이 아니라, 스스로 생각하고 판단하고 이해해서 실수를 바로잡을 수 있다는 자신감이다. 즉 자신의 판단력을 확신하는 것이다.

철수 엄마는 초등학교 6학년 아들 철수의 키가 작은 것이 걱정스러웠다. 평상시 친하게 지내던 친구들로부터 농구를 하면 키가 커진다는 말을 들었다. 그래서 주말 농구교실에 철수와 상의도 하지 않고 등록을 하였다.
철수는 달리기가 늦고 4학년 때 축구를 했는데 자신이 잘하지 못한 기억이 있어 농구를 하고 싶어 하지 않았다. 엄마의 권유에 대해 거절하지 못하여 억지로 참여하였다.
철수가 보기에 농구를 잘 하는 친구들이 여럿 있어 자신은 쭈볏거리고, 소극적으로 대처, 잘 하지 못하게 되었다. 그날 집에 돌아와서 철수는 엄마에게 말했다. '거 봐. 내가 농구 잘 못할 거라 했잖아요.'

[철수의 행동 모델-운동에 대한 자기효능감]

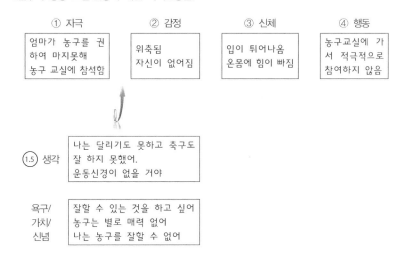

자기가치감은 자기 자신의 가치에 대한 확신이다. 자신이 '완벽'하다거나 다른 사람들보다 '우월'하다는 생각이 아니다. 다른 사람과 비교하거나 경쟁해서 얻는 것이 아니라, 자신의 존재 자체만으로 다른 사람에게 존중받을 가치가 있고 자신은 행복해질 권리가 있다고 믿는 확신이다.

자기가치감에 대한 확신이 부족하다는 말은 거꾸로 생각하면 자신의 존재 자체는 다른 사람에게 존중받을 가치가 없고 자신은 행복해질 권리가 없을 것이라 믿는 것이다.

이런 신념을 가진 사람의 기본 감정은 불안감이다. 이것은 타인에 대하여 신뢰하지 못함(의심)의 기본 감정으로 연결된다. 삶의 문제에 도전을 해야 할 때 소극적이 되고 다른 사람들의 평가에 민감하게 반응하게 된다. 스스로 자신의 가치를 인정하지 못하고 자신의 생각에 대한 확신이 없기 때문에 다른 누군가의 인정을 대신 필요로 하는 것이다. 다른 사람들이 자신에게 기대한 이상의 선의나 호의를 베풀거나 친밀감을 표현하면 '이상하다'라는 불안감이 생기고 '무슨 의도일까?'라는 의심이 생기게 된다. 그리고 인간은 모두 이기적이기 때문에 분명 상대가 얻고자 하는 의도가 있어서 자신에게 다가온다고 생각하게 되어 거리를 두고 부자연스러운 반응을 보이게 된다. 이러한 반응은 당연히 상대에게 전달되고 상대도 더 이상 친밀하게 다가올 수 없게 된다. 그러면 자신은 '그것 봐, 내 생각이 맞아. 내게 의도한 것을 얻을 수 없다고 생각이 드니까 떠나잖아.'라고 다시 확신하게 된다.

민지는 초등학생 4학년이다. 가족과 친척들 사이에서 민지의 별명은 모과이다. 친척들은 늘 민지를 모과라고 불렀다. 민지가 사는 경상도에서는 모과를 못생긴 과일의 상징으로 여긴다. 그래서 민지는 늘 자신이 못생겼다고 생각하게 되었고 친척들이 오면 선뜻 친밀하게 다가서지 못하게 되었다. 친척들은 민지를 챙겨주기 위하여 '모과야'라고 더 자주 불렀고 민지는 모과라는 말을 들을 때마다 자신을 놀리는 것으로 여겨져 더욱 거리를 두게 되었다. 그래서 친척들은 민지가 소극적이고 내성적이며 부끄럼을 많이 타는 아이로 여기게 되었다.

[민지의 행동 모델- 관계에 대한 자기가치감]

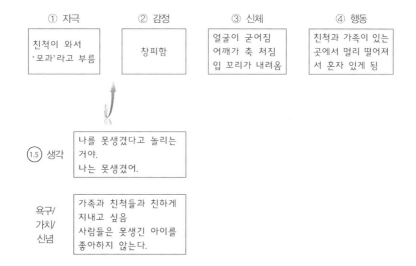

지금까지 설명한 것을 정리하면 다음과 같다. 삶에 대한 기본감정은 가족과의 상호작용을 통하여 안전감과 불안감으로 형성된다. 이것은 자신에 대한 기본태도로 신뢰·자신감·자율성 또는 불신·무력감으로 이어진다. 과제에 대한 기본 태도가 주도성·유능감이나 의존성·무능감으로 형성되고 타인에 대한 기본 태도는 신뢰·친밀감이나 의심·소외감으로 형성된다.

인간의 3가지 기본 심리 욕구인 자율성, 성취감, 친밀감이 결국 인생 초기에 형성된 기본 감정의 연속선상에서 형성되거나 그렇지 못할 가능성이 높다.

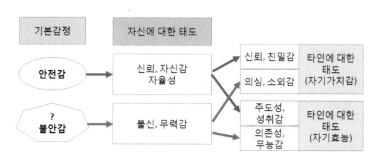

[기본감정과 자신·타인에 대한 태도]

3장.

자존감이 낮은 사람과 높은 사람

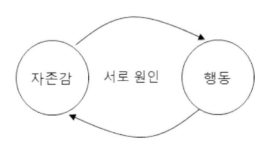

	도전할 용기	결과	귀인(원인의 해석)	자존감에 영향
자존감이 높은 사람	높음	성공	역시 나는 능력이 있어.	자존감 강화
		실패	이번에는 운이 나빴어. 이런 방법은 좋지 않군.	
자존감이 낮은 사람	낮음	성공	이번에는 운이 좋았어.	자존감 약화
		실패	역시 나는 능력이 없어.	

자존감이 높은 사람과 낮은 사람은 행동 특성에 차이가 있다.

● 심리적 기반과 추구하는 방향성이 다르다.

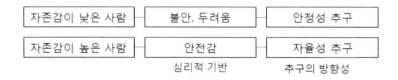

자존감이 낮은 사람	불안, 두려움	안정성 추구
자존감이 높은 사람	안전감	자율성 추구
	심리적 기반	추구의 방향성

· 자존감이 낮은 사람의 심리적 기반은 **불안과 두려움**이기 때문에 이들은 **안정성을 추구**하는 방향으로 행동을 한다. 이것은 마치 모래 위에 집을 지은 것과 같아서 외부의 작은 자극에도 쉽게 무너진다. 행동을 하거나 판단을 할 때에는 과감하고 새로운 도전보다는 지금까지 경험에 의지하여 위험 요인이 가장 낮은 것을 선택하는 안정성을 추구한다. 이 사람들은 삶을 풍요롭고 즐겁게 누리기 보다는 불안에서 탈출하는 것이 기본 목표이다. 알지 못하는 것, 익숙하지 않은 것을 두려워하기 때문에 도전과 평가 받는 것을 피하고 용서받을 기회를 찾는다.

· 자존감이 높은 사람의 심리적 기반은 **안전감**이며 이들은 **자율성을 추구**하는 방향으로 행동한다. 자율성을 추구하기 때문에 새로운 일에 도전하기가 쉽고 더 창의성을 발휘하게 된다. 이들은 새로운 미개척지를 찾게 되고 도전을 열망하고 요구하며 상대로부터 존경받을 기회를 찾는다. 또한 자신 외부의 자극이 있어도 쉽게 불안해지지 않고 자신이 이를 극복해 낼 수 있다고 스스로를 믿고 행동을 선택할 수 있게 된다.

● 인정추구의 대상이 다르다

- 자존감이 낮은 사람은 **타인의 인정**에 의존하여 기대하고 집착하기가 쉽고 타인 의존성이 높다. 스스로의 기준을 정하기보다 다른 사람들의 평가나 시선을 의식하고 특히 자신이 경쟁의 대상으로 여기는 사람에 대한 평가까지도 함께 의식하게 된다. 그래서 타인이 좋게 평가를 하면 안도를 하지만 인색한 평가를 하면 수치심이나 자책감을 가지게 된다. 그러나 요즈음과 같이 다원화 된 삶의 패턴에서는 모든 사람이 좋게 평가하는 일이란 있을 수 없기 때문에 상처를 받기가 매우 쉽고 성취감보다는 비판을 받지 않는 방향으로 행동하기 때문에 늘 마음이 조마조마 하기가 쉽다.
- 자존감이 높은 사람은 자신을 신뢰하기 때문에 **스스로** 생각과 성취에 대해 **인정**하기를 좋아한다. 한마디로 독립적이다. 스스로 생각하는 습관은 건강한 자존감의 필연적인 결과이며 독립성은 건강한 자존감의 원인인 동시에 결과이다. 자기 존재를 온전히 책임지는 습관은 자신의 목표를 이루고 행복으로 향하는 길이다. 이들은 자신은 부족하다고 생각하는데 타인이 칭찬

을 한다고 좋아하지 않고 타인이 비판하더라도 자신이 최선을 다하였고 결과에 만족하면 상처를 받지 않는다.

● 경쟁과 비교의 대상이 다르다

· 자존감이 낮은 사람은 **타인을 경쟁과 비교의 대상**으로 여긴다. 경쟁과 비교의 대상이 주로 동료, 친구처럼 같은 영역에 있는 사람들이기 때문에 주변 사람들과 친밀감을 가지고 신뢰할 수 있는 관계를 유지하기가 어렵다. 누군가와 비교하여 자신이 우세하면 우월감을 가지고 상대에 대해 무시하거나 얕보는 마음을 가지게 되지만 반대로 자신이 못하다고 생각하면 열등감을 가지게 되고 이러한 상태가 지속되면 자책감이나 무기력에 빠지기 쉽다. 이러한 사람은 의식의 화살표 방향이 늘 타인과 주변을 향하기 때문에 목표한 일에 에너지를 집중하지 못하고, 부정적 에너지를 발산하기 때문에 주위에 있는 사람들이 불편해지게 되며 대인관계에는 나쁜 영향을 미치게 된다.
· 자존감이 높은 사람은 어제의 **자신이 경쟁과 비교의 대상**이기 때문에 성장에 초점을 맞춘다. 오늘의 자신이 어제의 자신보다

성장하지 않았다고 느껴지면 내일은 더 잘하리라고 다짐한다. 반대로 어제보다 오늘 자신이 성장했다고 느끼면 자부심을 가지게 된다. 이러한 성장 지향적 태도는 자아실현을 이루는 밑거름이 된다. 또한 이러한 마음가짐은 의식의 화살표를 내면으로 향하게 하고 긍정적 에너지를 발산하기 때문에 주위에 있는 사람이 편하고 존경하는 마음도 가지게 하여 좋은 관계를 맺을 수 있게 된다.

- 사고의 유연함이 다르다.

  · 자존감이 낮은 사람은 **사고가 경직**되어 있고 주로 **이분법적 사고**를 한다. 자기 기준만 고집하고 기대한 것이 충족되지 않을 때, 위축되거나 공격적인 성향을 드러낸다. 경직성은 자신이 기억하고 있는 과거에 집착하여 변화에 적절하게 대처하지 못하게 하는 성질이다. 새롭게 변화된 상황에 맞닥뜨렸을 때 과거에 얽매이게 되는 이유는 자기 신뢰가 부족하고 불안정하기 때문이다. 대개 경직된 태도는 자신이 새롭거나 익숙하지 않은 것을 극복하거나 다룰 수 있으리라고 믿지 못하는 정신적 반응이다. 아니면 그저 현실에 안주하거나 자포자기해 버리는 사람도 있다.

  경직된 사고의 예는 전부 아니면 전무(All or Nothing)라는 방식으로 '인간은 모두 ○○하다.'라든지 '여자는 모두 ○○하지 못하다.'는 식의 표현을 주로 사용하는 것이다. 그리고 사람들의 행동 패턴을 볼 때에도 자신의 이분법적 사고로 끊임없이 평가, 판단을 하여 '역시 내 생각이 맞았어.'라는 식으로 자신의 기존 사고에 대해 정당화한다.

인지치료학자들이 주장하는 인지왜곡 중 '당위의 사고(should)'도 경직된 사고의 한 가지이다. 자신을 지금 모습 그대로 받아들이기보다는 '○○해야 한다.'라는 당위의 생각으로 스스로를 바라보기 쉽다. '○○해서는 안 된다.'라는 생각을 많이 하다 보면 자연스레 무언가를 하고 싶어 하는 내면의 동기와 에너지는 사그라지고 억지로 자신을 이끌어가야 할 것만 같은 마음이 든다. 알버트 앨리스는 이를 '당위혼란(musturbation)'이라는 개념으로 정리했다. '○○해야 한다.'는 생각 때문에 불필요한 혼란감을 느끼게 된다는 뜻이다.

또한 잘못된 명명과 낙인도 경직된 사고를 부추기는 행위이다. '○○는 게으른 학생이야.' '○○는 수다스러운 학생이야.' 실수했을 때 '난 어쩔 수 없는 실패자인가 봐.' '넌 ○○한 사람'이라고 좁거나 혹은 왜곡된 방식으로 규정할 때 억울하고 갑갑한 느낌이 들고 자기보호를 하는 방식으로 사고하게 한다.

· 자존감이 높은 사람은 사고가 **유연하고 자유**롭다. 유연성은 부적절하게 과거에 집착하지 않고 변화에 대처하는 능력이다. 이들은 과거의 경험을 바탕으로 변화에 적절하게 대처하기 위하여 자신의 판단을 신뢰한다. 자신을 믿는 사람은 눈에 보이는 것을 열린 태도로 받아들이므로 현재 상황과 무관한 성취에 얽매이지 않고 새로운 것에 빠르게 반응할 수 있다. 자신의 기존 생각과 다른 상황을 만났을 때 경험에 대한 개방적 태도를 가지기 때문에 모든 감정을 자유로이 경험할 수 있다. 따라서 선택과 행동에도 많은 자유를 누린다. 이런 사람은 삶에 대한 주

도권을 자신이 가지고 있고 스스로 조절할 수 있다는 지배감을 즐기며 미래는 일시적인 생각이나 환경, 또는 과거의 사건들에 의해 결정되는 것이 아니라 자기 자신에게 달려 있다고 믿는다. 이러한 자유감과 지배감 때문에 이들은 인생에서 많은 선택을 하며 자신이 하고자 하는 것은 무엇이건 할 수 있다고 믿는다.

● **자신에 대한 믿음과 표현방식이 다르다.**

· 자존감이 낮은 사람은 **자신의 생각과 감정에 대하여 위축되고 억압된 방식으로 표현**한다. 이들은 자신의 생각과 감정에 대한 믿음이 약하다. 어떤 상황에서 굳이 나서서 표현하지 않아도 된다면 굳이 자신의 생각이나 감정을 먼저 표현하지 않는다. 다만 다른 사람들의 표현을 듣고 자신은 반대하지 않고 다른 생각을 가지고 있지는 않다는 것을 표현하기 위하여 고개를 약간 끄덕이거나 웃어넘긴다. 이것은 내향적인 사람의 특성과 비슷해 보이지만, 내향적인 사람은 속으로 자신의 의견을 정리하고 결정한다는 면에서 차이가 있다. 누군가가 자신의 의견을 묻는다면 다른 사람들이 표현한 내용을 인용하거나 동의하는 식으로 표현하여 자신의 생각이나 감정도 큰 차이가 없다는 것을 표현하여 심리적인 안전감을 유지하려 한다. 그러면서도 막상 자신의 생각에 대한 믿음이 없는 것처럼 타인도 타인 자신에 대한 믿음이 약할 거라 믿기 때문에 정작 그들의 생각이나 감정에 대해서도 존중하거나 경청하지 못한다.

또한 자신의 의견을 누르고 착하게 배려해야 한다는 생각에 얽

매여 있다 보니 적절히 항의하거나 시정하기를 요구하지 못하고 속으로 참게 될 가능성이 크다. 자기 주장성을 펼치기가 어려운 것이다. 타인의 잘못을 꼬집고 시정해 줄 것을 요구하거나 감정을 표현하기보다는 오로지 갈등을 회피하고 관계를 유연하게 보이도록 만드는데 집중하게 되는 것이다.

- 자존감이 높은 사람은 자신의 생각과 감정에 대한 **표현방식이 자발적이고 솔직하며 자연**스럽다. 즉, 자신의 생각과 느낌, 의견에 대한 믿음을 가지고 명확하고 적절히 표현하는 능력인 '자기 주장성(assertiveness)'이 강하다. 설령 다른 사람과 의견이 다를지라도 '나의 생각은 좀 다르다.'고 당당하고 직접적으로 표현할 수 있다. 자신에 대한 믿음을 바탕으로 타인도 타인 자신에 대한 믿음이 있을 거라 믿기 때문에 다른 사람의 생각에도 신중하고 사려 깊게 경청하고 배려할 수 있다.

최대의 자기 주장성이 아닌 적절한 자기 주장성이 필요하다. 자기 주장성은 모든 사람이 가진 선천적 특성이며 공격성과는 다르다. 자기 주장성을 가진 사람들의 대화 목표는 표현과 소통이지만 공격적인 사람들은 자신의 생각을 관철하는 것과 강요를 목표로 대화를 한다. 홍경자 교수는 소극적, 공격적, 주장적 표현방식으로 구분하였다.

구분	소극적(비주장적) 자기표현	공격적 자기표현	주장적 자기표현
행동 특징	· 타인의 입장만 배려함 · 타인이 자신의 욕구와 인 권을 침해하도록 허용함 · 자기의 욕구와 권리를 솔 직하게 표현하지 못함(자 기 부정적)	· 자기의 입장만 배려함 · 타인의 욕구와 인권을 무시하고 희생시킴 · 자기의 욕구를 충족하 기 위해 과격한 표현을 함(자기 본위적)	· 자기의 입장을 배려하 되 타인의 권리와 인격 을 존중함 · 자기의 욕구를 충족하 되 타인의 권리를 침해 하지 않음(자기 향상적)
감정	· 자신에 대한 실망과 자책 · 상대에 대한 원망과 증오	· 처음에는 승리감과 우 월감, 다음에는 죄의식	· 자기존중감
결과	· 자신의 욕구를 충족하지 못함 · 대인관계가 소원해짐	· 자신의 욕구를 충족함 · 상대방에게 분노, 복수 심을 심어주고 관계가 파괴됨	· 자신의 욕구를 충족함 · 상호 존경

출처 : 홍경자「자기주장의 심리학」수정

● **행동양식이 다르다.**

· 자존감이 낮은 사람은 **현상유지 지향적이고 자기보호적인 행동특성**을 갖는다. 이들은 새로운 생각을 하거나 생산하기에는 스스로의 마음이 위축되어 있고 실수에 대한 두려움이나 타인의 평가를 의식하여 현상유지를 하는 방향으로 생각하고 행동하기 때문에 사고력의 성장을 기대하기는 어렵다. 이들은 자기 정신의 산물을 깎아내리는 경향이 있다. 그들은 자기 아이디어가 가치가 적고 중요하다고 생각하지 않는다. 아예 오랫동안 기억 저편에 묻어 두는 것도 흔하다. 마지막까지 자기 아이디어에 집중하는 경우도 드물다. 실제로 그들의 태도는 이런 식이다. "내가 생각해 낸 아이디어가 괜찮을 리 있겠어?"

· 자존감이 높은 사람은 **생산 지향적이고 자율적인 행동특성**을 갖는다. 이들은 자유롭게 생각하고 표현하는 행동양식을 가지

며 새로운 도전과 자극을 추구하는 삶을 즐기기 때문에 다양한 아이디어를 내고 예술작품을 창조할 수 있다. 이들은 자기를 신뢰하기 때문에 감정과 생각, 가치 등의 내면의 신호에 귀를 기울이기 쉽다. 이러한 결과가 직관과 창의성으로 나타난다. 그들은 적어도 창의성에서만큼은 타인의 신념 체계에 지배되지 않는다. 그러므로 자기 만족도가 더 높다. 타인에게 교훈과 영감을 얻기도 하지만, 동시에 자신의 고유한 생각과 통찰력을 존중한다. 연구에 따르면 창의적인 사람이 흥미로운 아이디어를 기록해 두는 경우가 훨씬 많다. 그들은 그 아이이어를 키워 나가고 발전시키는 일에 시간을 쏟으며 열정적으로 탐구한다. 창의적인 사람은 정신의 산물을 소중히 여긴다.

또한 대인관계에 있어서도 충분히 사랑을 하고 친밀감을 나눌 수 있다. 사람은 자신의 생각과 감정에 따라 행동하는 특성이 있고 자신의 정신과 판단을 신뢰할수록 사고력이 성장하게 되고 이러한 생산지향적인 특성은 칼 로저스가 말하는 완전히 기능을 하는 것, 자기실현, 사랑, 개방성, 경험하는 것과 연결된다고 할 수 있다.

● 인간에 대한 기본적인 믿음인 대인개념이 다르다.

· 자존감이 낮은 사람은 타인에 대하여 기본적으로 **'불신' 혹은 '의심'**하는 마음을 갖고 있다.

셰익스피어의 4대 비극 가운데 하나인 「오셀로」에는 자존감이 낮은 두 명의 인물이 나온다. 그중 한 명은 오셀로. 그는 다른 사람의 말만 듣고 확인해 보지도 않은 채, 아내가 자신을 속였다고 확신한다. 그리고 질투와 시기심에 눈이 멀어 근거 없는 생각에 집착하다가 사랑하는 아내를 죽이고 결국에는 모든 것을 잃게 되는 비극을 맞이한다. 이런 그의 의심과 망상, 질투, 그리고 그런 감정의 과잉으로 인해 나타난 결과를 보며 사람들은 그처럼 매사에 의심하고 다른 사람을 쉽게 믿지 못하고, 특히 연인의 정조를 의심하는 사람들에게 '오셀로 증후군(othello syndrome)'이라 이름 붙였다.

오셀로와 같은 사람은 끊임없이 의심하기 때문에 이들은 사람들과 좋은 관계를 유지하기가 어렵다. 의심병은 표면적으로는 타인과의 관계 속에서 드러나지만 보다 근본적으로는 자기 자신과의 문제에서 비롯된다. 자신에 대해 의심하고 확신할 수 없기에 타인에 대해서도 의심하고 확신할 수 없는 것이다. 의심하느라 사람과 사랑을 믿지 못하는 사람들은 타인은 물론 자기 자신도 못살게 굴기 쉽다.

오셀로는 현재 겉으로는 전쟁에서 큰 공을 세우며 승승장구하고 있는 장군이고, 자신을 사랑해주는 아름다운 귀족 출신인 아내도 있다. 하지만 자신의 출신과 배경, 과거를 운운하는 사람들의 의혹을 쉽게 떨치지 못한다. 자신이 이 모든 것을 가질 만한가에 대해서 스스로 의심하고 확신하지 못했을지도 모른다. 그러니 이를 건드리는 사소한 자극에 극적으로 반응한 것이다.

이런 오셀로들은 타인의 호의에 대해서 있는 그대로 받아들이지 못하고, 타인의 질책이나 부정적 평가에 대해서는 실제보다 크게 마음에 담아둔다. 특히 오셀로들은 사랑하는 관계 속에서 힘들어한다. 이들은 좋아하는 사람이 생겨도 쉽게 마음을 열어 표현하지 못하고, 사랑을 시작하면서 설레고 기뻐야 할 순간에도 비극적인 이별과 배신을 상상하며 미리 고민하고 불안해한다.

이들은 사랑을 하면서 자신에 대한 확신이 적은 만큼 타인의 사랑에 대한 확신도 적다. 그리고 확신이 적은 만큼 자꾸만 타인의 사랑을 확인하려고 든다. 이들은 과도하게 집착하기도 하고 아무것도 아닌 일에 과민반응을 보이기도 한다. 함께 있으면서도 헤어질 것을 두려워하고, 받아들이면서도 버림받을까 봐 불안해하기에 이들은 관계 속에서 쉽게 안정감을 느끼지 못한다. 이러한 모든 것이 스스로를 존중하고 사랑하는 마음이 부족하기에 나타난다.

또 다른 사람은 의심이 많은 오셀로를 알아보고 그의 비위를 맞추기 위해 끊임없이 이간질시키는 이아고이다. 자신을 존중하고 사랑할 줄 모르는 사람들은 타인을 존중하고 사랑할 줄도 모른다. 「오셀로」에서 이아고는 세상과 타인을 적대적으로 보며 타인은 물론 자신에 대해서도 존중과 사랑을 베풀지 못하고 이분법적으로 보는 인물이다.

세상에는 그저 굽실거리며 평생 충성을 다하는 녀석들도 많지만, 그러다가 주인집 당나귀처럼 멍에를 메고 꼴이나 얻어먹다가 늙으면 내쫓기기 마련이거든. 그런 녀석들은 바보 병신이지. 반면에 충성을 가장하며 주인에게 굽실거리면서 실속은 실속대로 챙겨 주머니가 두둑해진 후 자신에게 충성을 하는 놈도 있거든. 이게 제 정신을 가진 축이지. 내가 바로 이런 부류의 하나란 말씀이야.

그는 자기 내면에 도사리고 있는 이분법적이고 적대적인 마음을 해결하지 못하고 자신의 마음을 타인에게 투사한다. 투사(projection)란 방어기제 중 하나로 '자기 안에서 비롯되었으나 스스로 받아들이지 못하거나 보지 못하는 마음을 타인에게서 비롯되었다고 단정

짓는 행위'를 의미한다. 이아고는 약하고 악한 마음의 눈으로 세상과 타인을 본다. 그런 눈으로 본 세상과 타인은 온통 적대적이고 불안해 보일 수밖에 없다. 따라서 그는 타인이 자신을 공격하기 전에 자신이 먼저 공격해야 스스로를 지킬 수 있다고 믿는 것이다. 우리도 뚜렷한 이유 없이 누군가 미워지고 공격하고 싶어지는 순간 우리의 마음속에는 이아고가 꽉 들어찬다. 그리고 그때 우리는 타인의 마음을 보기보다는 내 마음을 들여다볼 필요가 있다. 나에 대한 사랑과 이해, 타인에 대한 존중과 사랑으로 이아고가 장악하고 있는 마음을 누그러뜨려야 한다.

영조와 사도제자를 주제로 다룬 영화 '사도'를 보면 영조는 무수리의 아들로 왕이 되기에 적합하지 않은 사람이었다. 이것이 열등감으로 작용을 하여 거꾸로 이를 극복하기 위하여 끊임없이 완벽함을 추구한다. 타인들의 자신을 향한 사소한 평가에도 예민하게 반응을 하면서 사랑하는 아들 '사도세자'에게도 강력하게 요구하지만 반대로 자율성에 대한 요구가 강한 '사도세자'와 격렬한 충돌로 이어져 결국은 아들을 뒤주에 가두어 죽이기까지 하게 된다. 영조의 열등감 또한 자신에 대한 불신의 또 다른 모습이라 할 수 있다.

• 자존감이 높은 사람은 타인에 대하여 기본적으로 **'신뢰'**를 갖는다. 인간을 신뢰한다는 것을 극단적 혹은 이분법적으로 해석해서는 안 된다. 상대가 하는 말과 행동에 대해 곧이곧대로 믿는다는 의미가 아니다. 인간행동의 긍정성에 대한 신뢰를 한다는 것이다. 부모에게 대항하는 사춘기 아이의 긍정적 의도는

'자신의 자율성 확보'이고 사춘기 아이의 행동을 반복적으로 지적하고 공부를 강요하여 죽음으로 내모는 부모조차도 긍정적 의도는 '아이의 성공'과 '자신의 책임감'이다. 이러한 긍정적 의도를 상대에게 전달하는 방법 면에서 미숙하여 상대에게 상처로 전달되고 관계가 악화되는 것은 신뢰와는 또 다른 문제이며 이것은 오히려 대인기술의 문제이다.

- **결과적으로 대인관계에 대한 신념이 다르다.**

  · 자존감이 낮은 사람은 대인관계에서 **'힘의 논리'**에 따른다. 인간은 외부의 자극 상황에 있어 자신의 생각에 대한 믿음 즉, 신념에 따라 실시간 생각이 생성되고 이에 따라 감정과 행동을 하게 된다. 힘의 논리에 의해 대인관계를 하는 사람은 누군가를 만났을 때 상대와 자신 사이를 어떤 기준에 의해서라도 서열화한다. 자신보다 상대가 우세하다고 판단되면 아부와 굴욕을 기꺼이 감수하고 반대로 자신이 우세하다고 판단되면 자신의 의지대로 상대의 생각과 감정, 행동까지 조정하고 싶어 하며 상대에게 굴욕감을 주면서도 상대의 감정에 공감하지 못한다. 인간은 상대방의 행동에 대하여 자신의 해석에 따라 '두려움'이나 '분노'의 감정을 가진다. 상대가 자신보다 강하다고 판단하면 두려움을 갖지만 상대가 자신보다 약하다고 판단하면 분노의 감정이 생성된다. 따라서 힘의 논리를 사용하는 사람은 똑같은 행동에 대해서도 직장 상사와 같이 자신보다 강한 사람이 하는 행동에 대해서는 분노가 생기지 않고 오히려 힘이 있는 상대의 주장에 자신의 생각을 순식간에 적극적으로 맞출 수

있게 된다. 반대로 자신보다 힘이 약하다고 판단되는 사람이 자신의 생각에 동의하지 않거나 반대의 의견을 제시하는 경우 이를 자신에 대한 반기를 들거나, 반항하는 행위로 판단하고 분노한다. 즉, 힘의 논리를 가지고 대인관계를 하는 사람은 분노와 두려움의 감정을 많이 느끼게 된다.

· 자존감이 높은 사람은 대인관계에 있어 **'상호존중의 논리'**에 따른다. 이런 사람들은 자신의 생각과 감정, 욕구, 가치, 신념에 대해 깊이 있는 인식을 하고 이를 신뢰하고 부정적인 상황에 대해서도 자신을 수용한다. 마찬가지로 타인의 생각, 감정, 욕구, 가치, 신념이 자신의 것과 다를 수 있음을 인식하고 공감하고 존중할 수 있다. 이러한 상호존중의 논리에 따라 대인관계를 하면 인간 내면에 있는 깊은 무의식까지 의식화하여 나눌 수 있기 때문에 깊이 있는 인간관계를 맺을 수 있게 된다. 그리고 상대와 자신의 생각이 다를 경우에도 두려움이나 분노의 감정보다는 자신과 타인의 '의도'와 '욕구'에 집중하기 때문에 인간의 긍정성에 대한 신뢰와 연민의 감정을 많이 느끼게 된다.

아동 발달 연구자들에 의하면 존중받고 자란 아이는 그 존중을 내면화하여 타인을 존중한다. 반대로 학대받고 자란 아이는 내면화된 자기 비하 때문에 두려움과 분노를 품고 타인을 대한다. 내면에 집중하고 자기 안에서 안정을 느끼고, 자신이 원하는 대로 긍정하거나 부정할 수 있는 권리를 지녔다고 확신하는 사람이 너그러운 것은 당연한 결과이다. 이들은 타인을 두려워할 필요도 없고, 적대감이라는 요새 안에 숨어서 자신을 지킬 필요도 없다. 자신이 존재할 권리가 있다. 자기 자신과 결속되어 있다고 확신한다면, 다른 사람의 확신과 자신감을 위협으로 느끼지 않는다면, 공동의 목표를 이루기 위해 자발적으로 협동하게 될 것이다. 그런 반응은 곧 자신의 이익은 물론이고 다양한 욕구를 충족하는 것이며, 두려움과 자기 불신에 방해를 받지 않는다.

너그러움과 협동심 못지않게 공감과 연민 역시 자존감이 높은 사람에게서 좀 더 자주 발견된다. **타인과의 관계는 자기 자신과의 관계를 반영하는 거울이다.** 부두 노동자이자 철학자였던 에릭 호퍼 Eric Hoffer는 '이웃을 자기 자신처럼 사랑하라.'고 하면서, 문제는 다른 것이 아니고 사람들이 행하는 바로 그것이라고 말한다. 자기 자신을 증오하는 사람은 다른 사람도 증오한다는 것이다.

● 자존감이 올라갈 때와 내려올 때

자존감은 주관적이고 안정적인 특성이 있지만 삶의 경험에 따라 높아지기도 하고 낮아지기도 한다. 홍기원 외(2003)는 한국 성인 남녀의 자존감 구성 요인에 대한 탐색적 연구에서 성인들이 언제 자존감이 높아지는지와 낮아지는지에 대한 상황을 조사하였다. 성인들의 자존감이 올라갈 때에는 칭찬·인정을 받을 때, 자신이 인기가 있다고 느낄 때, 봉사할 때, 하는 일에서 성취를 느낄 때이고 자존감이 낮아질 때에는 무시·불인정을 느낄 때, 상대적 박탈·열등감을 느낄 때였다고 결론지었다. 존재감은 외부로부터의 인정과 자신 스스로의 인정과 수용이라는 측면이 있다. 삶의 네 가지 영역이 사랑(love), 일(work), 놀이(play), 의미(meaning)이며, 자존감의 두 가지 영역은 자기가치감과 자기효능감이라는 것을 조합하여 자존감이 올라갈 때와 내려오는 상황을 다음과 같이 생각해 볼 수 있다.

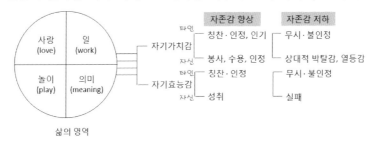

[자존감 향상과 저하될 때 상황]

Q1. 내 삶에서 사랑의 영역에는 어떤 대상들이 있는가?

· 대상 : 가족(배우자, 자녀, 부모, 형제), 연인, ……
· 이 영역에서 자기가치감에 영향(향상/상실)을 미치는 대상
  은 누구이며 방법은 어떠한가?
· 이 영역에서 내가 봉사를 하여 자기가치감이 향상되는 사
  람은 누구인가?
· 이 영역에서 자기효능감에 영향(향상/상실)을 미치는 대상
  은 누구이며 방법은 어떠한가?

Q2. 내 삶에서 일의 영역에는 어떤 대상들이 있는가?

· 대상 : 직장(상사, 동료, 부하직원), 관련업체, ……
· 이 영역에서 자기가치감에 영향(향상/상실)을 미치는 대상
  은 누구이며 방법은 어떠한가?
· 이 영역에서 내가 봉사를 하여 자기가치감이 향상되는 사
  람은 누구인가?
· 이 영역에서 자기효능감에 영향(향상/상실)을 미치는 대상
  은 누구이며 방법은 어떠한가?

Q3. 내 삶에서 놀이의 영역에는 어떤 대상들이 있는가?

- 대상 : 동호회(산악회, ……), 모임(초등학교 모임, ……)
- 이 영역에서 자기가치감에 영향(향상/상실)을 미치는 대상은 누구이며 방법은 어떠한가?
- 이 영역에서 내가 봉사를 하여 자기가치감이 향상되는 사람은 누구인가?
- 이 영역에서 자기효능감에 영향(향상/상실)을 미치는 대상은 누구이며 방법은 어떠한가?
- 이 영역에서 자기효능감에 영향(향상/상실) 미치는 대상은 누구이며 방법은 어떠한가?

Q4. 내 삶에서 의미의 영역에는 어떤 대상들이 있는가?

- 대상 : 종교(교회, ……), 봉사(복지관, ……)
- 이 영역에서 자기가치감에 영향(향상/상실)을 미치는 대상은 누구이며 방법은 어떠한가?
- 이 영역에서 내가 봉사를 하여 자기가치감이 향상되는 사람은 누구인가?
- 이 영역에서 자기효능감에 영향(향상/상실)을 미치는 대상은 누구이며 방법은 어떠한가?

Q5. 내 삶에서 자기가치감과 자기효능감에 영향(향상/상실)을 미치는 영역(사랑, 일, 놀이, 의미)의 비율은 어떠한가?

4장.

자존감 키우기 전략

자존감이 어린 시절에 형성되어 성인이 된 이후에도 안정적이고 잘 변하지 않는 심리 특성으로 작용하는 것은 분명하다. 그렇다고 한번 형성된 자존감을 키울 수 없는 것은 아니다. 자존감을 키우기 위해서는 먼저 자신의 자존감 정도를 받아들여야 할 것이다. 코헛 Kohut의 자기심리학에 따르면 건강한 자기애가 발달한 사람은 내면의 힘이 있고, 살아있는 느낌을 가지며, 재능을 개발할 수 있고, 목표를 세우고 성취하는 것이 가능하며 좌절할 때에도 희망을 유지할 수 있으며 성공했을 때 긍지나 기쁨을 누릴 수 있어야 한다고 하였다. 이것은 건강한 자존감을 가진 사람의 특징과도 같다. 이제 생활 속에서 자존감을 키울 수 있는 실천 전략에 대해 살펴보자.

• 세상에서 유일한 존재임을 깨닫기

앞에서 자존감은 자율성과 유능감, 친밀감이 충족되어 심리적인 안정 상태에서 잘 자랄 수 있다고 하였다. 그리고 무엇보다 자기결정성이 기반이 되어야 한다. 이러한 인간의 심리상태는 모두가 다르다. 독특하다. 다른 사람의 욕구가 아닌 나의 욕구에 민감하게 반응해야 한다. 다른 사람이 아닌 나의 감정을 잘 관찰하고 공감해주어야 한다. 나의 가치와 신념에 따라 선택하고 행동해야 한다. 즉, 독립적인 존재로 홀로서기를 해야 한다. 우리나라의 교육풍토는 다른 사람과 비교하고 서열을 정하는데 익숙해 있다. 그래서 끊임없이 다른 사람을 살펴야 하고 다른 사람이 원하는 것에 맞추어야 하며 그러한 것을 미덕으로 여긴다. 그러나 자신의 욕구, 감정, 신념, 가치를 살피지 못하는 사람은 다른 사람의 내면을 보는 정확도도 떨어진다. 한마디로 눈치 없는 사람이 된다. 반대로 자신의 내면세계에 주의를 집중하여 관찰하고 공감해주는 습관을 들이다 보면 다른 사람의 내면세계를 보는 나름의 방식이 생긴다. 어차피 인간의 내면세계가 작동하는 방식은 같기 때문이다.

• 선택 가능한 존재라는 것을 깨닫기

인간이 공통적으로 가지는 세 가지 결정론적인 주장이 있다. 첫째, 다윈의 생물학적으로 결정되어 있다는 유전결정론, 둘째, 프로이드의 인생 초기 3년의 경험이 미래를 결정한다는 심리결정론, 셋째, 막스의 인간의 문화와 사회에 있어 환경이 중요하다는 환경결정론이다. 모두 어느 정도 일리 있는 주장이다. 특히 프로이드의 심리결정론은 한때 심리학계에서 정설로 받아들여져 왔다. 그러나 아들러의 개인심리학이나 Deci & Ryan의 자기결정성 이론에서는 인간은 언제나 선택해 온 존재이며 선택 가능한 존재라는 것을 주장하고 있다. 자기결정성 이론에 따르면 인간이 역량과 기능을 잘 발휘하려면 유능감, 자율성, 관계성이라는 세 가지 심리적 욕구를 충족시켜야 하는데 이 세 가지 욕구는 태어나면서부터 가지고 있는 보편적 특성이다. 또한 인간은 자율적이고자 하는 욕구가 있으며, 이때 '자율성'이 핵심이다. 인간의 동기가 '타율적~자기결정'의 연속선상에 있으며 자율성이 어느 정도냐에 따라 행동이 달라진다는 것이다. 프로이드의 주장과 같이 과거 경험이 현재까지 영향을 미친 것은 분명하지만, 우리는 매 순간 스스로 선택하고 결정하면서 현재 상태에 있을 것이며, 미래도 결정할 수 있다는 믿음을 가지는 것이 자존감을 키우는데 도움이 될 것이다. 자존감이 있느냐 없느냐를 한마디로 표현해 보면 '스스로 결정하느냐? 할 수 없느냐?'로 볼 수 있기 때문이다.

● 매일 칭찬 일기 쓰기

자기표현을 가장 잘 이해하고 자기존재감을 가장 잘 채워줄 수 있는 사람은 바로 자신이다. 타인의 반응에 의존하다 보면 타인 의존성이 생긴다. 자신이 자신에게 반응해 주는 것이 가장 쉽고 가장 효과적이다. 구체적인 방식은 매일 칭찬 일기를 쓰는 것이다. 오프라 윈프리의 감사 일기를 생각해 보라. 칭찬하려는 구체적인 사실을 쓰고 그 칭찬의 의미를 함께 써 보면 좋다.

사실	의미
예) 오늘 맛있는 요리를 하였다.	가족 사랑하는 것을 실천하여 공동체 의식을 키웠다.

● 성취경험 회상하기

누구나 인생에서 잘했다고 여겨지는 성취경험도 있고 아쉽거나 잘못했다고 생각하는 경험도 있다. 인간이 가진 부정편향성 때문에 특별한 노력을 기울이지 않으면 단점과 나쁜 기억을 먼저 떠올리게 되기 쉽다. 이러한 행동을 반복하면 습관이 된다. 습관이 되면 자동적으로 단점과 좋지 않은 기억을 떠올리게 된다. 그리고 부정적이고 지적질 좋아하는 성격으로 형성된다.

자신이나 타인의 단점이 쉽게 발견되고 부족하고 나빴던 기억이 잘 떠오른다면 얼마나 괴로울까? 사실은 장점도 많고 좋았던 일도 많은데 자신의 습관이 자신을 생각의 감옥 속에 가둔 결과가 된다.

자존감이 떨어졌다고 생각될 때, 힘이 빠지고 짜증이 날 때, 자신이 무기력하다고 느껴질 때 과거의 성취경험을 떠올려 회상해 보면 자존감 회복에 도움이 된다.

1 과거에 자신의 성취경험 한 가지를 떠올려 본다.

2 친구에게 자신의 과거 성취경험을 들려준다.
　① 그때의 상황
　② 그때의 감정

③ 그때의 경험을 떠올리는 지금의 감정

④ 그것이 왜, 얼마나 중요한지 생각

⑤ 성취경험이 지금 나에게 끼치고 있는 영향

③ 지금 기분은 어떠한가?

● 불편한 감정 일기 쓰기

불편한 감정은 욕구가 불충족한 상태에서 발생한다. 하루에도 수없이 많은 욕구가 생겼다가 충족되기도 하고 불충족되기도 한다. 이때마다 크고 작은 다양한 형태의 감정이 생성되고 소멸된다. 특히 강도가 센 불편한 감정을 선택하여 감정 일기를 써보자. 감정은 인간의 내면세계와 외부세계가 소통하는 문이다. 감정 일기를 써보면 자신의 감정을 생성하는 자신의 생각을 확인할 수 있고 자신의 욕구도 확인할 수 있다. 욕구를 충족하여 건강한 감정을 느끼는 것이 자존감 회복에 유익하다.

나는 기분이 (   )다.

왜냐하면 (   )라고 생각하기 때문이다.

그리고 나는 (   )이 중요하기 때문이다.

만약 이 생각이 없다면

내 기분은 (   )할 것이다.

예) 나는 기분이 (섭섭하다)

왜냐하면 (그 사람이 약속시간이 지나도록 전화하지 않는 것은 나를 무시한다)라고 생각하기 때문이다.

그리고 나는 (그 사람과 친밀함을 유지하는 것)이 중요하기 때문이다.
만약 이 생각이 없다면
내 기분은 (편안)할 것이다.

● 긍정적인 행동목표를 세우기

인간은 어떤 행동을 할 때, 과거 경험을 통하여 기억된 데이터 베이스를 활용한다. 기분 좋았던 경험을 다시 경험하고 싶어 하고, 기분 나빴던 경험을 다시는 경험하지 않고 싶어 한다. 전자를 접근 목표라 하고 후자를 회피 목표라 한다. 회피 목표는 '저것은 위험해.' '이렇게 하면 혼나.' '실패하기 싫어.' 등의 감정과 관련된 것이다. 접근 목표는 '이것은 기분 좋아.' '이렇게 하면 자랑스러워.' '저 사람과 함께 있으면 행복해.' 등의 감정과 관련된다. 회피 목표를 세워 성공하면 안도감을 얻을 수 있지만 접근 목표를 세워 성공하면 자부심이나 성취감을 얻을 수 있다. 그래서 긍정적인 행동목표 즉 접근 목표를 세우고 실천해야 한다. 거창할 필요는 없다.

나는 (   )을 먹고 싶다.
나는 (   )와 함께 (   )을 하고 싶다.
나는 (   )을 이루어 내고 싶다.

예) 나는 (아이스크림)을 먹고 싶다.

　　나는 (사랑하는 사람)과 함께 (평안한 대화를 하면서 등산)을
　　하고 싶다.

　　나는 (좋은 책을) 쓰고 싶다.

● 타인의 평가에 주의를 덜 기울이기

힘이 없는 자는 주위. 상대의 모든 것에 주의를 기울인다.

그래야 힘 있는 자와 동일한 행동을 하여 상대에게 안심을 줄 수
있기 때문이다.

일종의 살아내기 위한 전략이다.

힘이 있는 자는 자신의 내면 욕구에만 주의를 기울인다. 오직 자신
의 신념. 욕구에만 초점이 맞추어진다.

그래서 권력을 가질수록 다른 사람의 의견을 듣는 것도 수용하는
것도 어려워진다.

- 긍정의 재발견

타인의 평가에 끊임없이 주위를 기울이고 그의 평가에 따라 자신
의 행동을 수정하는 생활방식으로는 자신을 잃어버리기 일쑤이다.
친구의 긍정적 평가가 배우자로부터는 부정적 평가가 되기도 한다.
즉, 모든 사람에게 긍정적 평가를 받을 수는 없다. 그리고 자신이
주의를 기울이는 타인은 자신이 중요하다고 혹은 힘이 있다고 무의
식적으로 생각하는 사람의 평가이다. 자신의 삶에 전혀 영향을 끼
치지 않는 사람의 평가에도 관심을 기울이는가? 자신의 삶에 영향
을 끼치는 사람이라고 생각하는 그 사람을 우리는 힘 있는 사람으
로 평가하는 것이다. 힘이 있다고 생각하는 그 사람의 평가에 지나

치게 주의를 기울인다는 자체가 자존감이 낮다는 증거이다. 건강한 자존감을 가진 사람은 자신의 삶에 영향을 끼칠 수 있는 유일한 사람을 자신이라 생각한다. 타인의 평가에 주의를 덜 기울일 수 있게 된다. 그렇다고 타인의 평가를 완전히 무시하고 살라는 것은 아니다. 다만 타인의 평가에 지나치게 집중하다 보면 자신의 신념과 가치를 무시하게 되는 잘못된 생각의 습관에서 벗어나야 한다는 것이다. 개인 심리학 아들러가 미움 받을 용기를 내라고 한 것도 이러한 맥락이다.

● 지금, 여기에 집중하기

생각은 과거의 경험에 대한 회상이거나 다가올 미래에 대한 상상이 대부분이다. 이것을 나쁘다고 할 수는 없으나 지금, 여기에서의 삶을 충실하게 살아가야 한다. 과거의 어느 순간도 그때·거기에서는 지금·여기에서였을 것이다. 미래의 언젠가·어디선가에서도 그 순간이 되면 지금·여기일 것이다. 지금·여기에 집중하는 습관이 있어야 과거도 미래도 긍정적으로 회상하고 상상할 수 있다. 그리고 무언가를 결정하고 행동해야 할 때에도 지금·여기에 있는 정보와 자원, 상황에 대한 객관적이고 냉철한 판단이 필요할 테니 말이다.

생각이 필요할 때에는 지금·여기 시점에서 생각하면 된다. 그리고 생각이 필요 없을 때에는 펄스Perls의 말처럼 '생각에서 벗어나 오감으로 돌아'가면 된다. 헤밍웨이가 '움직임과 행동을 구분하라.'고 했듯이 '생각되어지는 것'과 '생각하는 것'을 구분하라.

내가 간섭하지 않으면,

그들이 스스로 자신을 돌본다.

내가 지배하지 않으면,

그들이 스스로 바르게 행동한다.

내가 설교하지 않으면,

그들이 스스로 개선한다.

내가 강요하지 않으면,

그들은 진정한 자기 자신이 된다.

Friedman, 1972

2부 ➲
나와 너의 관계 - 상호존중

1장.

나와 너의 관계 기초

● 가족 중심의 집단주의 사회와 개인 중심의 사회

우리나라를 포함한 동양은 가족을 중심으로 한 집단주의 사회이지만 서양은 가족보다는 개인중심의 사회구조를 형성하고 있다. '우리나라' '우리 아들' '우리 남편' 등의 표현을 보고 서양인들은 몹시 의아해 한다고 한다. '우리 남편'을 영어로 표현하면 'our husband'인데 남편을 누구와 공유한다는 것으로 해석할 수 있기 때문이다. 심지어 혼자 사는 사람도 자신의 집에 친구를 초대할 때 '우리 집에 놀러와'라고 한다.

버지니아 공대에서 한국인 조승희의 총기난사 사건이 발생(2007년)한 후 이민 한국인들이 플래카드를 걸고 사과를 하였다. 플래카드의 내용은 "한국인들이 대신 사과합니다."라는 내용이었다. 이에 대한 미국인의 반응은 "문제 있는 한 개인의 일일뿐 한국인이 사과

할 필요는 없다."는 식이었다.

또한 학생들이 작성하는 자기소개서를 보더라도 큰 차이가 있다. 미국 아이들의 자기소개서는 '나는 ○○을 좋아하고' '○○을 잘하고' '○○을 중요하게 생각한다.'는 자신에 관한 내용이 주를 이루지만 우리나라 아이들은 '우리 가족은 ○명이고 나는 그중 ○째 아이이며' '나는 ○학교 ○학년 ○반이며' 자신을 둘러싼 사람들과 관련된 내용이 주를 이루다가 끝부분에 가서 자신을 약간 드러내는 형식으로 작성을 한다.

이렇듯 집단주의 사회와 개인 중심의 사회는 큰 차이가 있다.

첫째, 집단주의 사회에서는 자신의 이익이나 책임보다는 집단에 대한 충성심을 중요시하지만 개인 중심의 사회에서는 개인의 자율성과 가치 및 권리를 중요하게 생각한다. A라는 아이가 자신이 배우고 싶은 것이나 먹고 싶은 것을 당당히 요구한다면 집단주의 사회에서는 '자기만 아는 이기적인 아이'로 비추어지지만 개인주의 사회에서는 '자신의 요구를 표현할 줄 아는 당당한' 아이로 여겨질 수 있다. 이런 이유에서 집단주의 사회에서는 개인의 욕구나 가치관을 집단에 맞출 줄 아는 것이 미덕이 될 수 있다.

둘째, 집단주의 사회에서는 경계선이 애매하지만 개인주의 사회에서는 명확한 경계가 있는 편이다. 개인주의 사회에서는 인간과 신, 인간과 자연, 감성과 이성 등 이분법으로 나누는 것이 일반화되고 합리적인 사고를 가능하게 한다. 집단주의 사회에서는 나의 것과 너의 것을 구분하기가 어렵고 모든 우주공간이 기로 가득 차 있으며 기가 서로 연결된 상태로 존재하면서 영향을 주고받는다고 믿는다. 집단주의 사회에서는 이러한 경계선의 애매함 때문에 형제나 직장동료와 같이 작은 집단 사이에서도 너의 역할과 나의 역할, 나의 일과 너의 일을 구분하는 것으로 많은 다툼들이 있을 수 있고 이것을 명확하게 나누는 사람을 이기적인 사람으로 바라보기가 쉽다.

셋째, 집단주의 사회에서는 경계선의 부재와 집단을 중심으로 의사결정이 되기 때문에 책임에 대한 명확성이 부족하고 과도한 융통성과 적당주의가 만연하기 쉽다. 반면 개인중심 사회에서는 집단보다는 개인의 생명과 권리를 중요시하기 때문에 책임이 명확하고 개인의 개체성과 독립성 및 자율성을 존중한다.

넷째, 개인주의 사회보다 집단 우선 사회에서는 사람 사이가 정(情)으로 연결되고 서로 배려하고 결속력을 발휘하기가 쉽다. 물론 이러한 것이 지나쳐 인간관계를 헤치기도 한다.

이러한 집단주의 사회와 개인중심 사회의 차이점으로 인해 의사소통 방식에도 상당한 차이가 있다.

의사소통 전문가들은 집단주의 사회에서는 정직하고 솔직한 마음 표현보다는 우회적이고 애매모호한 표현이 많다고 한다. 특히 우리나라의 경우, 주어를 표현하지 않고 대화를 하는 경향이 있다. 반면 개인중심의 사회에서는 '나 전달'법과 같이 주어를 '나'로 표현하는 것에 익숙하다.

이러한 특징들로 인해 우리나라와 같은 가족 중심의 집단주의 사회의 특징은 힘 있는 자와 힘없는 자로 쉽게 나누어지고 그에 따른 언어와 행동을 달리하며 힘 있는 자는 판단이나 지시, 강요와 같은 언어폭력이 많지만 익숙하여 정작 본인은 인식조차 하지 못한다. 또 힘 있는 자는 지배하려는 경향성을 가지고 힘없는 자에게 복종의 관계를 강요하는 문화가 일반적으로 되어 있다. 또한 비표현적

의사소통 방식도 하나의 특징으로 볼 수 있다. 그래서 '꼭 말을 해야 아나?'라는 식의 대화도 많다. 가족 중심의 집단주의 사회는 수직적 인간관계가 쉽게 형성되고 개인중심의 사회는 수평적 인간관계를 형성하기가 쉽다.

● 인간관계 구조 : 힘의 논리와 상호존중의 논리

<자기가 정한 규칙에 따라 행동한다.>

힘없는 사람들의 경우 주변 환경에 경계를 게을리 하지 않는 일이 무엇보다 중요하다. 그러나 힘 있는 사람들의 경우 별로 그렇지 않다. 그들은 자기가 느끼는 내면의 감정에 계속 신경을 집중한다. 힘 있는 사람들은 배고픔과 같이 신체가 느끼는 바에 더 많은 주의를 기울임으로써 말 그대로 신체가 원하는 대로 행동한다. 이런 특성 때문에 때때로 그들은 부주의할 뿐 아니라 충동적으로 보인다. 수많은 연구에 따르면 사람들은 힘 있다고 느낄 때 자신의 내적 상태를 더 민감하게 느끼고 자기 주변을 둘러싼 세상을 무시하는 경향을 나타낸다고 한다. 예를 들어 힘 있는 사람들은 자기 자신의 생각에 더 큰 확신을 가지고 타인의 의견에 다소 무관심한 경향을 나타낸다.

(긍정의 재발견. 조셉 T 헬리넌. 224쪽)

권력은 지각과 균형 잡힌 시각을 약화시키는 경향이 있으며 이를 가진 사람이 주변 사람들이 어떻게 생각하고 느끼는지 파악하는 능력을 천천히 파괴한다. 권력을 쥔다는 것은 권력자의 시야를 단 하나의 관점 즉 '본인의 관점'만 남을 때까지 점차적으로 좁혀가는 감정적 시야 협착증을 형성하는 것과 같다.

(긍정의 재발견. 조셉 T 헬리넌. 119쪽)

모든 인간관계는 1:1의 관계이다. 두 사람이 만나면 힘의 장(field)이 형성된다. 그 힘은 권력, 돈, 지위, 지식이 될 수도 있다. 그러나 한 개인의 무의식과 의식 속에 인간관계에 대한 신념 즉, 대인신념이 깊이 뿌리내리고 있어 인간관계의 방식에 큰 영향을 미치는 시스템으로 작동한다는 것은 모두에게 적용되는 것이다. '힘의 논리'를 중심으로 지배하는 자와 지배받는 자로 나누는 지배체제와 힘을 공유하고 상호존중과 협력을 하는 협력체제로 나누어 생각할 수 있다. 지배체제에 익숙한 사람은 모든 1:1의 인간관계에서 '힘 있는 자'와 '힘없는 자'로 나누고 '힘 있는 자'는 자신의 생각과 감정을 상대에게 강요하고 판단, 분석하여 평가 결과를 알려주며 상대의 행동을 지배하려 한다. 가장 쉽게 볼 수 있는 것은 가정 안에서이다. 부모는 '힘 있는 자'가 되고 자녀는 '힘없는 자'의 역할이 자연스럽게 형성된다. 부모는 자녀의 행복을 위한다는 명분과 자신이 조금 더 살아 본 경험이 있다는 이유로 자녀를 지배하려 한다. 사춘기 이전의 자녀는 지배당해 주지만, 사춘기가 되면서 자아의식이 생긴 자녀는 부모가 자신을 무리하게 지배하려 한다는 것을 금세 알아채고 소위 반항이라는 형태로 주도권을 행사하기 위한 전쟁을 한다. 부부 사이에는 어떠한가? 동양의 전통적인 사고에서는 남편은 '힘 있는 자'가 되고 부인은 '힘없는 자'가 된다. 요즈음 많은 가정이 부인 중심으로 많이 변화되어 남편이 부인에게 져주는 듯해 보이지만, 많은 경우 남편이 '힘 있는 자'로서 자신의 힘을 조절하여 가정의 평화를 유지하려는 자율적인 의사결정일 뿐이다. 직장, 학교에서도 너무나 당연히 지배체제가 작용한다. 친구사이에는 어떠한가? 친구 두 명만 만나면 그 안에서도 지배체제는 여전히 작용한다. 그러나 이러한 방식의 인간관계의 결론은 누군가를 삶에서 소외시키게 되고 언젠가는 지배구조가 바뀌어 버리기 쉽다. 예를 들어 '힘 있는 자'의 위치에 있던 아버지가 나이가 들자 아들이 '힘 있는 자'의 위치에서 '아버지 지금 그걸 말이라고 하세요?', '아버지가 뭘 아신다고 그러세요?'라고 지배를 하게 된다.

그러나 서로의 힘을 공유하고 상호 존중하는 협력체계에서는 누군가의 삶도 소외되지 않는다. 자신의 생각과 감정, 의도에 대해 분명히 인식할 뿐 아니라 상대의 것도 인식하고 그대로 존중해 준다. 협력하고 조화를 이루어 신뢰와 높은 성과를 창출해 낸다. 시간이 지날수록 이러한 만남은 삶을 더욱 풍요롭게 하고 신뢰가 쌓이게 한다.

어떤 사람이 지배체제에 익숙한지 협력체제에 익숙한지를 확인하는 가장 쉬운 방법은 언어를 관찰하는 것이다. 먼저 자신보다 더 우위에 있는 사람에게도 자신의 생각, 감정, 욕구, 가치에 대해 정확하게 표현할 수 있는가? 상대의 생각, 감정, 욕구, 가치를 듣고 마음속에서 자신의 것과 다를 때에도 '아, 그렇구나!'하고 그대로 존중하고 받아들이는가? 아니면 상대의 생각, 감정, 욕구, 가치를 듣고 자신의 것과 다를 때 심리적인 반발이 생기고 '당신이 틀렸다.'고 말해주고 싶은가? 또는 자신보다 우위에 있는 사람을 대할 때와 그렇지 않은 사람을 대할 때 자신을 드러내는데 차이가 많은가?

전자라면 지배체제에 익숙한 것으로, 후자라면 협력제체에 익숙한 것으로 보아도 좋다.

'힘의 논리'에 의한 지배체제	'상호존중의 논리'에 의한 협력체제
옳고 그름, 선악 보상과 처벌에 의한 통제	비평가적 인식, 수용과 자발성에 초점, 상호 협력의 공동체 정신
판단, 평가, 비교, 분석 중심	사실, 느낌(감정), 의도 중심
선택과 책임을 부인	선택과 책임을 수용
제한, 통제하는 언어	창의적, 가능성의 언어
비교, 경쟁 → 갈등과 분열	협력, 조화 → 신뢰와 고성과
처벌을 위한 힘의 사용	문제해결을 위한 힘의 사용
의존과 분리	상호존중과 자율
지배하는 힘 / 지배당하는 힘	공유하는 힘
강요, 명령, 지시	요청, 질문, 협상
힘을 폭력과 서열 유지로 사용하며 지위, 돈, 권위, 나이, 물리적인 힘으로 표현	다른 사람의 선택을 존중
삶을 소외시키는	삶을 풍요롭게 하는

• '자기통제감'의 범위

제1부 나와 나의 관계-자존감에서 인간심리적 욕구는 자율성, 성취감, 친밀감이라 하였다. 자율성이 충족되었을 때 '자기통제감'을 느끼며 성취감이 충족되었을 때 느껴지는 '자기효능감', 친밀감이 충족되었을 때 느껴지는 '자기가치감'의 전제라 하였다.

인간은 '나의 것' 또는 '나의 영역'이라고 판단되는 범위에서 '통제'하려 한다. 부부사이에서도 남편이 부인을 '나의 영역'이라 여기면 상대를 '통제'하여 자기통제감을 느끼고 싶어 한다. 이때 상대방인 부인이 통제를 벗어나려 하면 분노하게 된다. 이러한 관계는 부모 자식 사이에서, 직장 내에서뿐 아니라 집단을 이루어 사는 곳에서는 어디서나 일어날 수 있다. 인간관계에서의 갈등은 대부분 '통제'하고 '평가'하려는 의도 때문일 수 있다. 이때 개인 심리학자 아들러는 '나의 과제'와 '너의 과제'를 분리하라고 한다.

아프리카 아빠 코끼리는 아기 코끼리에게 넘쳐나는 힘을 스스로 조절하는 법을 가르친다고 한다. 어쩌면 인간이 코끼리에게 배워야 할 삶의 지혜일 수 있다. 우리도 넘쳐나는 힘을 어디에 사용할지, 어떻게 사용할지, 얼마나 사용할지를 스스로 조절할 수 있을 때 '상호존중'의 인간관계가 가능할 것이다.

명심하라. 자신이 통제할 수 있는 대상은 자신뿐이라는 것을. 어쩌면 자신을 제대로 통제하지도 못하면서 타인을 통제하려 한다는 것을. 그리고 그 결과는 갈등과 분리로 연결된다는 것을.

2장.

인간관계의 심리학적 모형

앞에서 살펴본 것처럼 인간사이의 상호작용 방식과 유형은 한 인간이 속한 사회가 집단중심의 사회인지 개인중심의 사회인지에 따라서 또 개인이 성장하고 경험하여 형성한 지배체제 혹은 협력체제의 의식구조인지에 따라 매우 다르다.

서울대학교 권석만 교수는 인간관계란 '나'와 '너'의 만남을 통해 서로에게 의미 있는 존재로 만들어가는 과정이라 하면서 인간관계에 대한 심리학적 설명모형을 구조화하여 제시하였다. 인간관계에 영향을 미치는 요인을 세 가지로 구분하였는데 첫째, 인간관계의 주체인 나의 심리적 요인, 둘째, 인간관계의 상대인 너의 심리적 요인, 셋째, 나와 너 두 사람 사이에서 일어나는 상호작용의 요인이다.

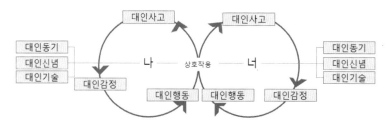

[인간관계에 대한 심리학적 설명 모형(권석만, 2016 수정)]

인간관계의 주체인 나와 너는 성장과정에서 형성된 여러 가지 독특한 심리적 특성을 지니고 있다. 인간관계에서 개입되는 주요한 개인의 성격적 특성은 크게 대인동기, 대인신념, 대인기술의 3가지이다. 나와 너는 각기 독특한 대인동기, 대인신념, 대인기술을 지닌 상태에서 만나게 된다. 개성을 지닌 나와 네가 만나서 상호작용을 하며 인간관계를 맺어 나간다. 이러한 상호작용은 두 사람이 주고받는 언어적 또는 비언어적인 행동으로 구성되는 의사소통과정이다. 이러한 의사소통과정에서 나와 너는 여러 가지 생각과 느낌을 갖게 되고 그에 따라 행동하게 된다.

● 대인동기(對人動機)

동기(motive)는 인간의 행동을 유발하는 심리적인 원인이며 특정한 목표를 향해 행동하게 하는 내면적인 원동력이다. 동기는 개인으로 하여금 특정한 목표를 원하게 하고 그 목표를 달성하기 위한 행동을 하게 한다. 이러한 동기는 흔히 욕구(need or desire), 충동(impulse), 본능(instinct)이라는 용어로 불리기도 한다. 인간관계를 지향하게 하고 사회적 행동을 유발하는 동기적 요인을 대인동기

(interpersonal motives)라고 한다. 이러한 대인동기는 사회적 행동의 원동력이 인간관계에 임하는 개인의 내면적인 욕구를 말한다. 인간은 인간관계에서 충족시키고자 하는 다양한 대인동기를 가지고 있다. 그리고 사람마다 중요시하는 대인동기의 종류와 강도는 서로 다르다. 이러한 대인동기는 대인행동을 결정하는 주요한 심리적 요인이 된다.

사회심리학자 어지리(Argyle, 1983)는 대인동기를 8가지로 구분하였다.

■ 생물학적 동기

인간이 생존을 위해 영양분을 공급받고 환경의 위협으로부터 안전을 유지하기 위한 동기로, 먹고, 마시고, 따뜻함과 안락함을 느끼고 위험으로부터 자신을 보호하고 생존을 위한 기본적 동기이며, 인간을 사회적 존재로 만드는 중요한 요인이다.

■ 의존동기

인간은 생물학적 조건에서 가장 무력한 상태로 태어나는 동물이며, 혼자서는 도저히 생존할 수 없는 미숙한 상태로 태어나 장기간 부모로부터 보호와 도움이 필요한 의존적 상태에 있다. 성인이 되어서도 중요한 타인으로부터 사랑과 인정을 얻고 보호와 보살핌을 받으려는 주요한 대인동기로 발전하게 된다. 따라서 타인으로부터 거부당하고 버림받는 의존동기 좌절은 두려움으로 나타나기도 하고 지속적 좌절은 우울증의 원인이 되기도 하고 이것은 타인과의 관계 속에서만 충족될 수 있다.

▪ 친애동기

의존동기가 수직적이라면, 친애동기는 수평적 관계이다. 대등한 위치에 있거나 상황에 있는 사람들과 가깝게 지내며 친밀한 관계를 맺고자 하는 동기로 친구나 벗을 얻고자 하는 욕구이며 사회적 교류를 통해 여러 가지 긍정적인 보상을 얻을 수 있는 적응적 기능을 가진다. 이것은 또래와 가깝게 지냄으로써 자신을 평가하는 비교정보 획득과 불안을 완화시켜 주는 역할을 의미한다. 같은 또래나 같은 입장에 처해있는 사람들은 지식, 의견, 태도, 흥미 등에서 유사점이 많기 때문에 교류 속에 보다 많은 공감과 지지를 받는 긍정적 경험을 한다.

▪ 지배동기

타인에게 자신의 영향력을 행사하려는 동기이다. 권력을 추구하는 욕구로 권력은 타인의 행동과 운명을 조정할 수 있는 능력을 뜻한다. 이러한 동기는 인류의 역사와 정치사를 움직이는 심리적 동기로 타인을 대상으로 하여 충족될 수 있는 대인 동기이다. 자녀의 행동진로를 좌지우지 하는 부모를 예로 들 수 있으며 부하직원, 친구, 연일을 통하여 지배동기를 충족하는 사람도 있다.

▪ 성적동기

인간은 동물과 달리 지속적인 성적동기를 지니며 이성 관계에 영향을 미치는 대인동기이다. 이성에 대한 관심과 호기심을 나타내게 하고 이성에게 접근하여 구애행동을 하게 한다. 이것은 종족 본능을 위해 필수적인 생물학적 동기라 할 수 있다. 프로이드 정신분석

학에서는 성적동기를 인간의 가장 기본적인 근원적 욕구로 보기도
하였다.

▪ 공격동기
개체보존과 종족보전을 위해 적응적 기능을 하는 동기로 타인을
해치고 손상시키려는 욕구이다. 프로이드는 인간의 2대 동기를 성
적동기와 공격동기라 하였다. 좌절에 대한 반응으로 유발되는 공격
욕구인 분노적 공격성과 수단적 공격성이 있다. 수단적 공격성은
공격하는 대상에 대한 분노나 미움의 감정을 느끼지 않으면서 재물
이나 권력 같은 현실적 이득을 얻기 위한 방편으로 행해지는 공격
성을 의미한다.

▪ 자기존중감의 동기
'나는 누구인가'에 대한 스스로의 답으로 자신을 가치 있는 존재
로 여기고자 하는 욕구이다. 긍정적 자기 평가로 다른 사람과의 관
계 속에서 그들의 긍정적 반응을 통해 확인되고 향상된다.

▪ 자기정체감의 동기
자신을 타인과 구분되는 개성 있는 독특한 존재로 파악하고자 하
는 욕구이며 다른 사람과의 관계 속에서 비교를 통해 자신의 독특
성을 확인함으로써 가능하다. 예를 들어 청소년의 독특한 외모, 의
상, 행동 특성이다.

포드(Ford, 1992)는 지향목표에 따라 대인동기를 구분하였는데

지향하는 목표에 따라 개인지향적 동기와 집단지향적 동기로 나누었다. 개인지향적 동기는 개인의 발전과 성장을 목표로 하는 동기로서 개별성의 동기, 자율성의 동기, 우월성의 동기, 의존성의 동기가 있다. 집단지향성 동기는 개인보다 집단의 화합과 통합을 목표로 하는 동기로서 소속감의 동기, 사회적 책임의 동기, 형평성의 동기, 이타성의 동기가 포함된다.

- **개인 지향성의 동기**
  - **개별성의 동기** : 자신이 독특하고 특수한 존재라는 것을 느끼고 확인하기 위한 동기이다.
  - **자율성의 동기** : 자신의 행동을 스스로 선택하고 자유롭게 행동하고자 하는 동기이다.
  - **우월성의 동기** : 다른 사람과의 비교를 통해 자신이 지위나 자질에 있어 긍정적이고 우월하다는 것을 느끼고자 하는 동기이다.
  - **의존성의 동기** : 다른 사람으로부터 인정, 지지, 도움을 얻고자 하는 동기이다.

- **집단 지향성의 동기**
  - **소속감의 동기** : 다른 사람들과 친근감이나 애정을 교환하고 일체감과 집단의식을 느끼고자 하는 동기이다.
  - **사회적 책임의 동기** : 대인관계에서 자신에게 기대되는 역할과 의무를 수행하고 사회적 또는 윤리적 규

칙을 따르고자 하는 동기이다.

- **형평성의 동기** : 다른 사람과 공정하고 정의로우며 상호보완
  적이고 동등한 관계를 형성하고 유지하고자
  하는 동기이다.
- **이타성의 동기** : 다른 사람을 사랑하고 지지해주며 도움을
  주고자 하는 동기이다.

다음 질문을 통하여 자신의 대인동기를 확인해 보자.

Q1. 현재 나의 삶에서 충족시키고자 하는 가장 주된 대인동기는
무엇인가?

Q2. 나는 나의 삶에 있어서 인간관계에 얼마나 중요성을 부여하
고 있는가?

Q3. 나는 학업(또는 직업)과 인간관계 중 어떤 것에 더 높은 비
중을 두고 사는가?

Q4. 나는 좋은 성적을 얻고 나의 지적 능력을 향상시키는 일에
관심이 많은가? 아니면 주변 사람과 친밀한 인간관계를 맺
는 일에 더 관심이 많은가?

Q5. 나는 학업(또는 직업)활동에 비해서 인간관계 활동에 얼마나
많은 시간과 에너지를 투자하고 있는가?

Q6. 내가 인간관계를 맺는 주요한 동기는 어떤 것인가? 다른 사
람을 만날 때 그들이 나에게 어떻게 해 주기를 바라는가?

Q7. 내가 인간관계에서 긍정적 감정을 경험하는 것은 주로 어떤
욕구가 충족되었을 경우인가?

Q8. 내가 좋아하고 자주 만나는 사람들은 나의 어떤 욕구를 만

족시켜 주는 사람들인가?

Q9. 내가 인간관계에서 부정적 감정(분노나 우울)을 경험하는 것
은 주로 어떤 동기가 좌절되었을 경우인가?

Q10. 내가 대인관계에서 불안이나 두려움을 느끼는 것은 어떤
욕구가 위협받기 때문인가? 또는 어떤 욕구가 좌절될 것을
두려워하기 때문인가?

● 대인신념(對人信念)

대인신념은 개인이 인간과 인간관계에 대해 가지고 있는 지적인
이해, 지식, 믿음 등을 의미한다. 인간은 자신이 믿는 대로 행동한
다. 인간은 누구나 자기 자신, 타인 그리고 인간관계에 대해서 자신
만의 신념을 가지고 있으며, 이러한 신념은 인간관계에 강력한 영
향을 미친다. 이는 과거의 대인관계 경험을 체계화 한 기억내용이
며 또한 미래의 대인관계에 영향을 미치는 지적인 바탕이 된다. 대
인신념은 일시적인 것이 아니라 지속적으로 지니는 사고 내용이다.
또한 새로운 인간관계 상황에 대한 기대와 예측의 근거가 된다. 새
로운 경험의 의미를 해석하고 평가하는 근거가 된다.

대인신념의 영역은 인간관계의 본질과 속성에 대한 지적인 이해
와 믿음인 인간관계에 대한 신념, 인간관계의 주체인 자기 자신에
대한 신념인 자기개념, 인간관계 대상인 타인에 대한 신념인 인간
관을 포함한다.

▪ 인간관계에 대한 신념

인간관계에 대하여 사람마다 다른 **생각과 믿음**을 가지고 있다.

첫째, 인간관계가 얼마큼 중요한가 하는 중요성에 대한 믿음이다. 예를 들어 성공적이고 행복한 삶을 위해서는 인간관계가 가장 중요한지 아니면 다른 요인이 중요한지 판단하는 기초이다. 이러한 판단은 '사람과 사람 사이의 벽은 결코 넘을 수 없다.' '필요한 만큼만 투자하는 것이 좋다.' '많은 투자는 낭비이다.'라는 자신만의 믿음을 형성하게 되고 '신뢰'의 정도를 결정하게 된다.

둘째, 중요시하는 인간관계의 영역에 대한 믿음이다. 인생의 주요 네 영역과 관련하여 자신의 인간관계 영역에 대한 믿음을 확인해 보자.

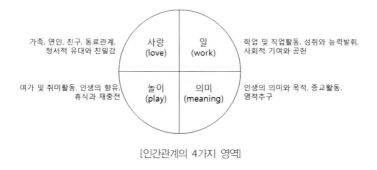

[인간관계의 4가지 영역]

셋째, 이상적인 인간관계에 대한 신념이다. '서로 구속하지 않는 인간관계가 이상적이다.' '어느 정도의 자기희생을 할 수 있는 인간관계가 이상적이다.' '인간관계는 다다익선이다.' '몇 명의 사람과 깊이 있는 관계가 좋다.'라는 식이다.

넷째, 친밀한 인간관계를 맺는 방법에 대한 신념이다. '의도적인 노력이 없어야 진짜 인간관계이다.' '지속적인 관심과 노력이 필요하다.' '어느 정도 나 자신의 것은 포기하고 주어야 한다.'는 식이다.

다음 질문에 대하여 자신의 신념을 답해보자.

Q1. 행복하고 성공적인 삶에 있어 인간관계는 얼마나 중요한가?

Q2. 사랑, 일, 놀이, 의미의 영역 중 어떤 영역의 인간관계를 중요하게 여기는가?

Q3. 이상적인 인간관계는 어떤 것으로 생각하는가?

Q4. 사람과 사람 간의 관계는 얼마나 진실 되고 친밀해질 수 있는가?

Q5. 친밀한 인간관계를 맺기 위하여 어떤 방법을 사용해야 하는가?

Q6. 어떤 아버지(어머니)가 좋은 아버지(어머니)인가?

Q7. 직업적 업무나 사업을 할 때 사적인 인간관계가 얼마나 중요하고 어떤 영향을 주는가?

위 질문에 대하여 개인의 믿음에 따라 행동한다. 예를 들어 삶에 있어서 인간관계가 매우 중요하다고 믿는 사람은 인간관계를 위해 많은 시간과 노력을 아낌없이 투자할 것이다. 그러나 중요하지 않다고 믿는 사람은 인간관계에 소극적인 행동을 나타낼 것이다. 좋은 아버지는 자상하고 친구 같은 아버지라고 믿는 사람은 자녀에게 권위를 내세우기보다 함께 장난치고 놀이하는 친근한 행동을 나타낼 것이다. 그러나 집안의 기강을 바로잡고 예의범절을 잘 가르치기 위해서는 엄격한 아버지가 좋은 아버지라고 믿는 사람은 자녀에게 권위적이고 근엄하게 행동할 것이다. 이렇듯이 한 개인이 대인관계의 본질과 속성에 대해서 어떤 신념과 태도를 가지느냐에 따라 대인행동이 달라진다.

▪ 자기에 대한 신념, 자기개념(Self-Concept)

자기개념은 자기에 대한 신념이며, 자기에 대한 지적인 인식과 평가내용이 자기개념을 구성하며 자존감의 기초가 된다. 제1부에서 자기개념에 대하여 다루었으므로 여기에서는 권석만 교수(2016)가 제시한 자가진단 도구를 이용하여 대인관계에서의 자기개념을 간단하게 진단해 보자.

나는 어떤 사람인가? (자가진단)

번호	매우 그렇다 1	상당히 그렇다 2	약간 그렇다 3	나는 _____ 사람이다.		약간 그렇다 4	상당히 그렇다 5	매우 그렇다 6
1				나쁜	좋은			
2				차가운	따뜻한			
3				공격적인	호의적인			
4				이해심이 적은	이해심이 많은			
5				딱딱한	부드러운			
6				나약한	강인한			
7				무능한	유능한			
8				게으른	부지런한			
9				추진력 없는	추진력 있는			
10				사회적으로 실패한	사회적으로 성공한			
11				비사교적인	사교적인			
12				대인관계가 좁은	대인관계가 넓은			
13				감정표현을 못하는	감정표현을 잘하는			
14				자기주장을 못하는	자기주장을 잘하는			

15			대인관계에서 소극적인	대인관계에서 적극적인			

1번-5번	6번-10번	11번-15번
호의성	유능성	사교성
'그가 좋은 사람인가?'	'그가 능력이 있는 강한 사람인가?'	'대인관계에서 활발하고 능동적인 사람인가?'
어머니와 주변 동료 평가에서 중요 요소	아버지에 대한 평가에서 중요 요소	자기 자신에 대한 평가에서 중요 요소

각 차원별로 합산을 하면 5～30점의 점수가 나온다. 점수별 의미
는 다음과 같다.

- 5～10점 : 강한 부정적 평가
- 11～15점 : 약한 부정적 평가
- 16～19점 : 중립적 평가
- 20～24점 : 약한 긍정적 평가
- 25～30점 : 강한 긍정적 평가

■ **타인에 대한 신념, 인간관**

이것은 특정한 타인, 특정한 집단, 인간 일반에 대한 신념으로
나누어 생각해 볼 수 있다.

· 특정한 타인에 대한 신념 : 의미 있는 타인에 대한 신념은 우
리의 삶을 크게 변화시킬 수 있다. 예를 들어 모든 인간에 대
한 '의심' '성악설'을 믿는 사람이 특정한 타인에 대한 절대적
인 믿음을 가질 수 있다. 조선시대 광해군의 예를 들어 보면,

후궁의 소생으로 왕세자에 책봉된 광해군은 정실인 인목대비의 자식인 영창대군을 상대로 권력에 대한 위협을 느껴 많은 대신들을 의심하고 경계하였음에도 불구하고 아버지의 여인인 '김개시' 상궁과 연인 관계를 유지하면서 그녀에게 절대적인 믿음을 보였다. 김개시 상궁은 광해군을 임금으로 만드는 데도 크게 영향을 미쳤지만, 반대로 인조반정의 조짐을 알면서도 오히려 광해군에게 거짓 상소라고 약을 먹여가며 안심시켜 결국, 광해군을 폐위하는 데에도 결정적 영향을 끼친 것으로 알려져 있다. 어떻게 광해군은 김개시에게 그 정도의 절대적 믿음을 가질 수 있었을까? 반대로 대부분 사람을 믿지만 어느 특정인에 대해서는 무조건 불신하는 경우도 있을 수 있다.

· 특정한 집단에 대한 신념 : 성별, 인종, 나이, 직업, 출신지역, 사회적 계층, 교육수준 등을 범주화하여 각 범주에 대한 평가적 신념을 가질 수 있다. 이러한 신념은 과장되거나 왜곡된 편견들이 많다.

예를 들어 '여성은 ○○해' '경상도 사람은 ○○해' '정치인은 ○○해' '공무원은 ○○해' 등이다.

· 인간 일반에 대한 신념 : 인간성에 대한 평가적인 신념으로 긍정적 신념과 부정적 신념이 주된 내용이다. 인간의 본성에 대한 믿음으로 성선설 혹은 성악설로 설명할 수 있다. 이러한 믿음은 종교나 교육과 같은 자신의 경험을 바탕으로 형성된다.

자신은 다음과 같은 생각에 대해서 동의하는가? 반대하는가?
Q1. 모든 인간은 본래 선한 존재이다.

Q2. 선천적으로 선한 사람과 악한 사람이 있다.

Q3. 인간은 근본적으로 자신의 이익을 쫓아 행동하는 이기적 존재이다.

Q4. 인간은 누구나 내가 성의를 기울인 만큼 나에게 정성을 기울인다.

Q5. 인간이 악해지는 것은 잘못된 양육환경 때문이다.

Q6. 인간은 마음이 수시로 변하기 때문에 믿을 수 없는 존재이다.

Q7. 인간의 성격은 세월과 상황이 변해도 거의 변하지 않는다.

Q8. 남자는 대부분 지배적이고 성취 지향적이다.

Q9. 여자는 대부분 의존적이어서 애정 받는 일을 중요시한다.

Q10. 남자는 자신을 존중하는 여자에게 잘 해준다.

Q11. 여자는 자신을 사랑해 주는 남자에게 헌신한다.

Q12. 남자는 대부분 여자를 성적인 대상으로 생각하고 접근한다.

Q13. 여자는 이성 관계나 결혼에 있어서 남자보다 훨씬 더 계산적이다.

Q14. ○○○은 어떤 경우에도 나를 배신하지 않고 도와줄 친구이다.

Q15. ○○○은 수시로 입장을 바꾸는 믿지 못할 인간이다.

Q16. ○○○은 이기적이고 타산적이어서 깊게 사귈 사람이 못된다.

Q15. ○○○은 순하고 나약해서 내 마음대로 조정할 수 있다.

■ **부적응적 대인신념**

어린 시절부터 여러 유형의 인간과 상호작용을 하면서 해석을 하여 스스로 대인신념을 형성하는데 효과적인 인간관계를 방해하는 여러 부정적인 대인신념을 갖게 될 수 있다. 심리학자들은 이러한 부적응적인 대인신념을 일반적 인간관계, 자기 자신, 다른 사람과 관련된 것으로 구분하여 제시하였다.

부적응적인 대인신념의 예를 살펴보자.

첫째, 일반적 인간관계에 대한 부적응적 대인신념이 있다.
"인간관계는 무의미하다."
"사람 사이에는 넘지 못할 벽이 있다."
"인간관계는 서로 상처만 주고 소모적인 것이다."
"인간이 다른 인간을 정말 이해할 수 있겠는가?"
"인간관계는 속고 속이는 과정일 뿐이고, 우정이나 사랑은 환상이다."

이런 신념을 가진 사람은 사람을 만나거나 상호작용할 때 마음속 깊은 곳에서 신뢰하지 못하고 의심을 가지고 있기 때문에 자신의 말과 행동으로 드러나고 이것이 상대에게 전달되게 된다. 그래서 상대도 진심으로 자신을 대하지 못하게 되고 자신은 '내 생각이 맞았어. 인간은 원래 믿을 수 없는 존재야.'라고 더 신념을 강화하게 된다.

둘째, 자기 자신에 대한 부적응적 대인신념의 예이다.
"나는 무능하다."
"나는 다른 사람에게 호감을 줄 만한 외모를 지니지 못했다."
"나는 무가치한 사람이다."
"나는 사랑 받지 못할 사람이다."

이러한 신념을 가진 사람은 새로운 일에 도전을 하지 못하고 다른 사람과 편안한 관계를 맺지 못하게 된다. 또 자신에게 호감을 가지고 다가오는 사람이 있다 하더라도 그 속내를 의심하게 되고 자꾸만 확인을 하게 된다. 이러한 의심이 상대에게 불편하고 불쾌한 마음으로 전달되어 결국 친밀한 관계를 맺지 못하게 된다. 이때 자신은 '역시, 나는 사람과 잘 못 사귀어.'라고 신념을 강화하게 된다.

셋째, 타인에 대한 부적응적 대인신념의 예이다.

"사람은 누구나 이기적이어서 이용만 한다."

"사람들은 예의가 없고 무례하다." 이러한 것도 일반적으로 왜곡된 인간관계 신념과 같다. 자신의 신념이 상대에게 전달되어 상대를 떠나게 하고 이것은 다시 자신의 신념을 강화하게 한다.

이러한 왜곡된 신념이 형성되는 과정도 어처구니가 없다. 흔히 TV, 신문, 영화 등을 접하면서 부족한 정보와 잘못된 지식에 근거하여 왜곡된 생각을 형성하는 경우와 한두 번의 자기 경험을 과잉되게 일반화하여 단정적으로 해석하는 경우가 많다. 대표적인 인지심리학자 엘리스와 벡Ellis & Beck은 이러한 대인신념의 대표적인 것을 경직된 대인신념이라 하였다. 경직된 대인신념은 '…… 해야 한다.' '…… 해서는 안 된다.' '당연히 …… 해야 한다.'라는 형태의 당위적이고 절대적이며 융통성 없는 완고한 대인신념을 의미한다. 이러한 신념을 가진 사람은 자신의 신념과 다른 상황을 만나면 분노하거나 좌절감을 느끼게 된다.

사람들이 공통적으로 가지고 있는 완고한 대인신념도 있다.

'사람들은 내게 공평하게 대해야 한다.'

'내게 무례하면 안 된다.'

'나는 항상 다른 사람으로부터 인정을 받아야만 한다.'

'다른 사람이 나를 미워해서는 안 된다.' 등이다

이런 신념은 얼핏 보면 당연하고 바람직하지만 사람들은 저마다의 가치관과 판단 기준을 가지고 있기 때문에 현실 속에서 실현되기 어렵다. 이럴 때 실망과 좌절감을 느끼게 되고 결과적으로 부적응적 대인관계로 나타나게 된다.

유대인 속담에 10명이 있으면 그중 2명은 나에 대해 호의적인 사람이고 7명은 그저 그렇게 생각하는 사람이고 나머지 1명은 나에게 적대적인 사람이라 한다. 이때 나에게 적대적인 1명에게 집중하고 그 사람의 생각을 바꾸려 한다면 자신 또한 부적응적 대인관계를 형성하게 될 수 있음을 기억하자.

● 대인기술

대인기술은 사람을 사귀는데 필요한 행동적 기술이다. 개인이 인간관계에서 구사할 수 있는 언어적 비언어적인 사교적 기술을 의미한다. 사람은 각자 자신을 타인에게 표현하고 또 타인의 반응에 대응하는 방식에 있어서 커다란 차이가 있다. 대인기술 중에서 가장 중요한 기술은 대화기술이다. 왜냐하면 인간의 하루 생활에서 깨어 있는 시간의 80% 이상은 상대와 소통하는데 보내기 때문이다. 인간의 문제는 거의 관계의 문제이고 관계는 대부분 소통의 문제이다. 소통의 문제는 감정의 문제로 연결되어 관계를 죽이기도 하고 살리기도 하는 힘을 발휘하게 된다.

● 대인사고

  대인사고와 대인감정, 대인행동은 별개의 것이 아니라 하나의 연
결고리로 형성된다. 다음 예를 보면 같은 상황인데도 불구하고 A,
B는 완전히 다른 경우가 된다. 인간 행동 모델에 의하면 인간은 욕
구, 가치, 신념에 따라 실시간 생각이 생기고 거기에 따라 감정이
일어나며, 감정은 행동을 이끌기 때문이다.

  상황 : 집에 새벽 2시에 들어갔는데, 엄마가 거실에서 자지 않고
       기다리고 있었다.

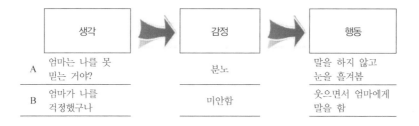

	생각	감정	행동
A	엄마는 나를 못 믿는 거야?	분노	말을 하지 않고 눈을 흘겨봄
B	엄마가 나를 걱정했구나	미안함	웃으면서 엄마에게 말을 함

  인간은 외부세계로부터 들어오는 자극과 정보의 의미를 끊임없
이 해석하고 이러한 해석 내용에 기초하여 외부세계에 반응한다.
인간관계에서도 마찬가지이다. 상대방이 나에게 한 언행에 대해서
그 의미를 파악하는 인지적 과정이 마음속에서 일어나는데 이러한
과정의 밑바탕에 대인사고가 작동한다. 대인사고는 상대방의 외모
나 언행에 근거하여 그에 대한 인상을 형성하고 심리적 특성을 판
단할 뿐만 아니라 그가 한 구체적인 행동의 의도나 원인에 대해서
추리하는 인지적 과정을 의미한다. 인간관계에서 흔히 발생하는 오

해는 이러한 인지적 과정에서 상대방의 의도를 잘못 해석하여 생겨나는 것이다.

다음 대인사고에 대한 질문에 대한 생각은 어떠한가?

Q1. 나는 타인으로부터 무시당한다는 생각을 자주 한다.

Q2. 나는 타인 앞에서 실수하지 않을까 하는 생각을 자주 한다.

Q3. 타인이 나를 싫어한다는 생각을 할 때가 많다.

Q4. 타인이 나를 속이거나 이용할 것이라는 생각을 자주 한다.

Q5. 타인이 나를 공격한다고 느낄 때가 많다.

Q6. 타인이 나의 행동에 대해서 실망하거나 부정적인 평가를 한다고 느낄 때가 많다.

Q7. 타인이 나를 공격적으로 대할 것이라는 생각을 자주 한다.

Q8. 나는 대인관계 상황에서 다른 사람들부터 소외되어 있다는 생각을 자주 한다.

Q9. 내가 열등하고 무가치하다는 생각을 할 때가 많다.

Q10. 나를 솔직하게 내어 보이면 다른 사람들이 나를 우습게 생각할 것 같다.

● 대인감정

상대방의 언행에 대한 의미해석의 결과로서 우리는 상대방에 대한 감정을 느끼게 된다. 상대방이 나를 돕고 있다고 생각될 때는 고마움을 느끼게 되는 반면, 상대방이 나를 방해하고 있다고 생각될 때는 분노의 감정을 느끼게 된다. 이렇듯 나와 너의 인간관계에서 느끼게 되는 여러 가지 감정을 대인감정이라 한다. 대인감정에는 인간관계에서 느낄 수 있는 사랑, 우정, 친밀감, 고마움, 기쁨 등의 긍정적 감정뿐만 아니라 불안, 분노, 질투, 시기, 배신감 등 부정적인 감정이 포함된다. 다음은 주된 대인사고에 따른 대인감정 이다.

[대인사고에 따른 대인감정]

대인감정	대인사고 주제
분노(anger)	나와 나의 것을 모욕하는 공격을 받음
불안(anxiety)	불확실하고 실존적인 위협에 직면함
공포(fright)	즉각적, 구체적, 압도적인 신체적 위험에 직면함
죄책감(guilt)	도덕적 잘못을 저지름
수치심(shame)	자아 이상에 미치지 못함
슬픔(sadness)	돌이킬 수 없는 상실을 경험함
시기(envy)	다른 사람이 갖고 있는 것을 원함
질투(jealousy)	어떤 사람의 애정에 대한 위협이나 상실을 이유로 제3자를 미워함
혐오(disgust)	소화할 수 없는 대상이나 생각을 지니거나 너무 가까이 있음
행복감(happiness)	목표의 실현을 향해서 적당한 정도의 발전함
자부심(pride)	가치 있는 대상이나 성취에 대해서 자신의 정체감을 향상시킴
안도감(relief)	고통스러운 목표 불합치 조건이 사라지거나 좋은 쪽으로 변화함
희망(hope)	최악을 두려워하지만 더 좋아지는 것을 열망함
사랑(love)	보통은 상호적이지만 때로는 일방적인 애정에 대한 욕망이나 참여
연민(compassion)	타인의 고통에 의해서 마음이 움직이고 도와주고 싶어 함

출처 : 민경환, 2002; Lazarus, 1991

● 대인행동

대인행동은 인간관계 상황에서 개인이 겉으로 드러내는 언어적, 비언어적 행동을 말한다. 대인행동은 인간관계에서 특히 중요하다. 왜냐하면 대인행동은 타인에게 나의 감정이나 의도를 전달하는 통로인 동시에 타인의 감정과 의도를 전달받는 통로이기 때문이다.

타인의 언행에 대한 대인사고는 대인감정을 생성하여 여러 가지 행동으로 표현되어 상대방에게 전달된다. 때로는 직접적이고 강한 표현으로 때로는 유보적이고 우회적인 표현으로 전달될 수 있다. 이렇게 상대방이 행한 언행에 대한 반응으로 내가 상대방에게 나타내는 외현적인 반응을 대인행동이라 한다. 나의 대인행동에 대해서 상대방은 대인사고를 통하여 대인감정을 느끼게 되고 대인행동으로 나에게 반응하게 된다. 이러한 상대방의 대인행동에 대해서 나 역시 똑같은 심리적 과정과 반응을 나타내게 되는데, 이러한 반복적인 과정이 나와 너의 인간관계를 구성하는 상호작용 과정이다. 우리의 인간관계는 이러한 반복적인 과정이 끊임없이 계속되는 과정이며 이러한 상호작용의 내용과 방식이 인간관계의 내용을 결정하게 된다.

　　인간이 인간관계 상황에서 나타내는 대인행동은 다양하다. Leary(1957), Wiggins(1985), Kiesler(1996)와 같은 연구자들은 다양한 대인행동이 크게 두 가지 차원 즉, 지배성과 우호성 차원에 의해 분류될 수 있다고 하였다. 지배성 차원은 타인의 행동을 자신의 뜻대로 통제하려 하는 정도를 의미하며, 지배-복종의 연속선상에서 대인행동을 평가한다. 우호성 차원은 타인을 호의적으로 대하는 정도를 뜻하며 사랑-미움의 연속선상에서 대인행동을 평가한다. 이 두 차원을 세로축과 가로축으로 하는 원형구조 속에서 다양한 대인행동이 분류될 수 있는데 이를 대인행동의 원형구조 모델(circumplex model)이라고 한다.

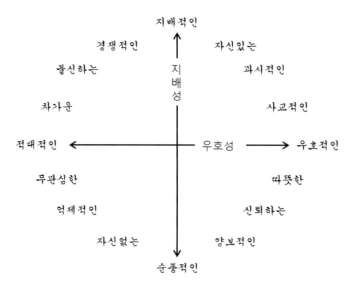

[대인행동의 원형구조 모델]

대인행동의 또 다른 유형은 자신의 능력에 대한 신념이 강하거나 약한 정도와 타인의 호의성에 대한 신념이 호의적이거나 적대적인 지에 대한 평가적 신념을 통하여 결정된다.

<자기개념> 자신의 능력에 대한 신념(강함-약함) : 어떤 상황에서 효과적으로 행동할 수 있는 능력과 기술을 가지고 있는지에 대한 평가적 신념

⇑ ⇓   ⇒ **대인행동**

<타인개념> 타인의 호의성에 대한 신념 (호의적-적대적) : 어떤 상황에서 타인이 얼마나 호의적이고 긍정적인 반응을 나타낼 것인가에 대한 평가적 신념

[대인신념에 의한 대인행동의 분류]

	강한 자기	약한 자기
호의적 타인	① 확신형	③ 의존형
적대적 타인	② 수용형/반항형	④ 무기력형

■ **확신형**

자기능력이 강하고 타인이 호의적이라는 신념을 지닌 사람들이다. 이런 사람은 긍정적인 자기개념을 지니고 있을 뿐만 아니라 다른 사람들이 자신에 대해서 호의적인 태도를 지닐 것이라는 기대를 지니고 있다. 따라서 대인관계에서 자신감이 있고 능동적이며 접근적인 사회적 행동을 나타낸다. 또한 이들은 대인관계 상황에서 주도적이고 확신에 차 있으며 안정된 대인행동을 나타내게 된다. 이러한 유형의 사람들은 확신형이라 할 수 있다.

■ **수용형/반항형**

자기능력이 강하지만 타인이 적대적이라는 신념을 지닌 사람들이다. 이런 사람의 대인행동은 수용형 또는 반항형으로 나타날 수 있다. 수용형은 내면적으로 자신감을 가지고 있으나 대인관계에서의 어려움과 불만을 조용히 참는 행동패턴을 보인다. 반면 반항형은 분노나 적개심을 적극적으로 표현하는 행동패턴을 보인다. 이두 유형은 모두 대인환경과 타인에 대한 불신과 적개심을 가지고 있는 동시에 자기 자신에 대한 효능감과 자신감을 지니고 있다. 이들은 대인관계에서 생기는 문제나 실패에 대해 자기 자신보다는 타인을 탓하고 책망하는 경향이 있다.

▪ 의존형

이들은 자기능력이 약하고 타인이 호의적이라는 신념을 지닌 사람들이다. 이들은 외현적으로는 비교적 무난한 대인관계를 나타낼 수 있으나 대인관계에서 소극적이고 수동적이며 타인에게 의존적인 행동패턴을 보인다. 아울러 타인의 공격이나 거부에 쉽게 상처받고 자기 자신을 비하할 수 있는 취약성을 지닌 사람들이다.

▪ 무기력형

자기능력이 약하고 타인이 적대적이라는 신념을 지닌 사람들이다. 이들은 대인관계에 대한 동기가 미약할 뿐만 아니라 대인관계에서 부정적인 결과를 예측하게 되고 그러한 결과를 변화시키고 호전시키는 데에 무기력한 태도를 보인다. 이런 점에서 무기력형이라고 할 수 있다. 이들은 대인관계에서 흔히 부적응적인 양상을 보이며 우울증과 같은 심리적 장애를 나타낼 수 있다.

3장.

대인관계 유형

개인마다 주위 사람들과 인간관계를 맺는 양식이 각기 다르다. 대상에 따라 관계를 맺는 양식이 변화될 수 있지만, 대부분의 사람은 일관성 있는 독특한 대인관계 양식을 성격적 요소로 지니고 있다.

● 대인관계 유형

키슬러 Kiesler(1996)는 대인관계 양식을 지배-복종 차원과 친화-냉담 차원에서 8가지 유형으로 구분하고 있다. (양식2. 키슬러의 대인관계 양식 검사 도구)

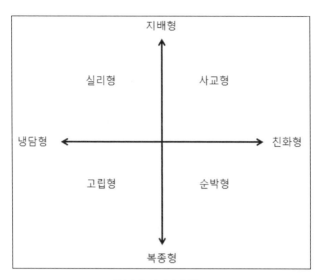

[대인관계 양식의 원형구조]

- **지배형**

  대인관계에서 자신감에 차 있으며 자기주장이 강하고 타인에 대해서 주도권을 행사하는 경향이 있다. 지도력과 추진력이 있어서 집단적인 일을 잘 지휘할 수 있다. 그러나 이러한 경향이 과도하게 강한 사람은 강압적이고 독단적인 행동을 나타내고 논쟁적이어서 타인과 잦은 마찰을 겪을 수 있다. 윗사람은 지시에 순종하지 못하고 거만한 모습으로 비쳐질 수 있다. 이런 사람은 타인의 의견을 잘 경청하고 수용하는 자세가 필요하며 타인에 대한 자신의 지배적 욕구를 깊이 살펴보는 것이 바람직하다.

- **실리형**

  대인관계에서의 이해관계에 예민하고 치밀하며 성취 지향적이다.

이런 경향이 강한 사람은 자기중심적이고 경쟁적이며 자신의 이익을 우선적으로 생각하기 때문에 타인에 대한 관심과 배려가 부족할 수 있다. 타인을 신뢰하지 못하고 불공평한 대우에 예민하며 자신에게 피해를 입힌 사람에게는 보복하는 경향이 있다. 이런 사람은 대인관계에서 타인의 이익과 입장을 배려하는 노력이 필요하며 타인과 신뢰를 형성하는 일에 깊은 관심을 갖는 것이 바람직하다.

▪ 냉담형

이성적이고 냉철하며 의지력이 강하고 타인과 거리를 두며 대인관계를 맺는 경향이 있다. 이런 경향이 강한 사람은 타인의 감정에 무관심할 뿐만 아니라 타인에게 상처를 잘 줄 수 있다. 타인에게 따뜻하고 긍정적인 감정을 표현하기 어렵고 대인관계가 피상적이며 타인과 오랜 기간 깊게 사귀지 못하는 경향이 있다. 이런 사람은 대인관계에서 타인의 감정 상태에 깊은 관심을 지니고 타인에게 긍정적인 감정을 부드럽게 표현하는 기술을 습득하는 것이 필요하다.

▪ 고립형

혼자 있거나 혼자 일하는 것을 좋아하며 감정을 잘 드러내지 않는다. 이런 경향이 강한 사람은 타인을 두려워하고 사회적 상황을 회피하며 자신의 감정을 지나치게 억제한다. 침울한 기분이 지속되고 우유부단하며 사회적으로 고립될 수 있다. 이런 사람은 대인관계의 중요성을 인식하고 대인관계 형성에 좀 더 적극적인 노력을 할 필요가 있다. 타인에 대한 불편함과 두려움에 대해 깊이 생각해 보는 것이 바람직하다.

▪ 복종형

대인관계에서 수동적이고 의존적이며 타인의 의견을 잘 따르고 주어지는 일을 순종적으로 잘 한다. 그러나 자신감이 없고 타인으로부터 주목받는 일을 피하며 자신이 원하는 것을 타인에게 잘 전달하지 못한다. 이런 사람은 어떤 일에 대한 자신의 의견과 태도를 확고하게 지니지 못하며 상급자의 위치에서 일하는 것을 매우 부담스러워 한다. 또한 자기표현이나 자기주장이 필요하며 대인관계에서의 독립성을 키우는 것이 바람직하다.

▪ 순박형

단순하고 솔직하며 대인관계에서 너그럽고 겸손한 성향이 있다. 그러나 이런 경향이 강한 사람은 타인에게 잘 설득당할 수 있어 주관 없이 타인에게 너무 끌려 다닐 수 있으며 잘 속거나 이용당할 수 있다. 원치 않는 타인의 의견에 반대하지 못하고, 화가 나도 타인에게 알리기가 어렵다. 이런 사람은 대인관계에서 타인의 의도를 좀 더 깊게 생각하고 행동하는 신중함이 필요하며 아울러 자신의 의견을 표현하고 주장하는 노력이 필요하다.

▪ 친화형

따뜻하고 인정이 많으며 대인관계에서 타인을 잘 배려하여 도와주는 자기희생적인 태도를 보인다. 타인을 즐겁게 해 주려고 지나치게 노력하며 타인의 고통과 불행을 보면 도와주려고 과도하게 나서는 경향이 있다. 타인의 요구를 잘 거절하지 못하고 타인의 필요를 자신의 것보다 앞세우는 경향이 있어 자신의 이익을 잘 지키지 못할 수 있다. 이런 사람은 타인과의 정서적 거리를 유지하는 노력이 필요하며 타인의 이익만큼 자신의 이익도 중요함을 인식할 필요가 있다.

▪ 사교형

외향적이고 쾌활하며 타인과 함께 대화하기를 좋아하고 타인으로부터 인정받고자 하는 욕구가 강하다. 혼자서 시간 보내는 것을 어려워하며 타인의 활동에 관심이 많아서 간섭하며 나서는 경향이 있다. 흥분을 잘하고 충동적인 성향이 있으며 타인의 시선을 끄는 행동을 많이 하거나 자신의 개인적인 일을 타인에게 너무 많이 이야기하는 경향이 있다. 이런 사람은 타인에 대한 관심보다 혼자만의 내면적 생활에 좀 더 깊은 관심을 지니고 타인으로부터 인정받으려는 자신의 욕구에 대해서 깊이 생각해 볼 필요가 있다.

[키슬러의 대인관계 양식]

유형	특징	장점	단점	개선방향
지배형	·불복종, 거만 ·타인과 마찰	·자신감, 자기주장 ·주도권 행사	·강압적, 단독적 ·논쟁적	·경청, 수용
실리형	·신뢰감 부족 ·불공평에 민감 ·보복행동	·이해관계 민감, 치밀 ·성취 지향적	·자기중심적, 경쟁적 ·자신의 이익 우선	·배려 ·신뢰감
냉담형	·피상적, 비지속적 대인관계	·이성적, 냉철 ·의지력	·무관심, 타인감정 무시 ·감정표현 제한	·관심 ·표현기술
고립형	·자신의 감정을 지나치게 억제 ·침울, 혼자 하는 일 선호	·감정표현 자제	·대인공포, 회피 ·우유부단	·대인관계의 중요성 인식 ·대인불안, 공포 제거
복종형	·의견과 태도의 불명확 ·상급자 임무 수행 부담	·의견존중, 순종적	·수동적/자신감 결여 ·요구사항 표현 제한	·자기주장, 표현

순박형	· 쉽게 설득 당함 · 반대하지 못함	· 단순, 솔직 · 너그럽고 겸손	· 주체성 결여	· 의도파악 · 자기주장 훈련

친화형	· 타인의 요구 거절
	  곤란
	· 타인의 입장 우선
		· 타인 배려
		· 인정, 따뜻함
		· 자기희생적
			· 타인 관심 과도
			· 자신의 이익 무관심
				· 타인과 정서적
				  거리 유지
				· 내 이익도 중시

사교형	· 인정욕구 강함
	· 타인의 관심을 유
	  도하는 행동
	· 개인적인 일을
	  과도하게 노출
		· 외향적, 쾌활
		· 타인과 잘 어울림
			· 혼자 생활 곤란
			· 타인 생활 간섭
			· 충동적
				· 내면에 관심
				· 인정의 욕구
				· 충족 방법 변경

● 부적응적 인간관계 유형

권석만(2016)은 부적응적 인간관계 8가지 유형을 제시하였다.

[권석만의 부적응적 인관관계 유형]

유형	특징	세부유형
인간관계 회피형	○ 인간관계에 대한 동기와 욕구가 적다. ○ 인간관계에 소극적이고 그 폭이 제한적이다. ○ 혼자 있을 때 가장 편하다. ○ 혼자서 하는 일에 몰두한다.	인간관계 경시형 인간관계 불안형

인간관계
피상형
	○ 겉으로는 넓고 원만한 인간관계를 형성하지만 속으로는 진정한
	  친구가 없고 깊이 있고 의미 있는 인간관계를 맺지 못한다.
	○ 친밀한 관계에 대한 불편함과 두려움을 가지고 있는 경우가 많다.
	○ 상대에게 구속되어 자율성, 자기정체감이 침해될까 두려움과 위협
	  감을 느끼고 있다.
		인간관계
		실리형
		
		인간관계
		유희형

인간관계 미숙형	○ 인간관계에 대한 동기와 욕구는 높은 편이지만 대인관계 기술, 사교적 기술이 부족하다. ○ 관계 속에서 소외나 갈등을 경험하는 경우가 많다.	인간관계 소외형 인간관계 반복형

인간관계
탐닉형
	○ 타인과의 친밀한 관계를 강박적으로 추구하지만 친밀해진 사람을
	  구속하는 경향이 있다.
	○ 혼자 있으면 불안하고 허전하여 참을 수 없고 다른 사람들로부터
	  버려지고 소외된 것 같아 괴로워한다.
	○ 이러한 불안과 고통을 덜어 줄 사람을 찾아 헤맨다.
		인간관계
		의존형
		
		인간관계
		지배형

▪ 인간관계 경시형

이들은 인간관계에 큰 의미를 두지 않기 때문에 평소 외로움을 별로 안 느낀다. 지속되면 허무주의나 비관주의로 흐르는 경향도 있다. 그러나 혼자서 하는 일에 몰입을 할 수 있어 독창적이고 창조적인 업적을 내기도 한다. 타인과의 정서교류나 의사소통에 어려움을 겪는 특성이 있다.

성장배경에서 긍정적이고 의미 있는 관계에 대한 경험이 부족하고 부모님과 같은 의미 있는 타인으로부터 거부를 통해 좌절한 경험이 누적되어 혼자만의 세계로 철수하게 되었거나 불행한 인간관계의 경험을 가진 사람이 많다.

이들이 주로 가지고 있는 인간관계에 대한 부정적 신념은 다음과 같다.

'인간은 어차피 고독한 존재다.'

'타인에게 의존하지 말고 혼자 사는 것에 익숙해야 한다.'

'사람 사이에는 어차피 넘을 수 없는 벽이 존재한다.'

'인간의 가치는 인간관계보다 일, 공부, 업적에 의해 결정된다.'

'인간관계를 위한 노력은 정력과 시간의 낭비만 줄 뿐이다.'

'주변에는 신뢰할 만한 가치가 없다.'

'상처만 줄 뿐이다.'

▪ 인간관계 불안형

이들은 인간관계에 대한 관계욕구는 있으나 불안하고 두려워서 인간관계를 피하게 되고 인간관계에서 쉽게 긴장하고 피곤을 느끼게 되어 소수의 관계만 유지하게 되었다. 대인공포증으로 발전할 수 있다.

이들은 성장배경에서 엄격하고 비판적이며 평가적인 부모로부터 자신의 행동에 대한 과도한 비판과 평가를 통해 자기가치감이 절하되고 타인에 대한 두려움이 형성된 것이다.

이들이 주로 가지고 있는 인간관계에 대한 부정적 신념은 다음과 같다.

'나는 무가치하고 무능하다.'

'나는 사람들과 함께 살기엔 부적절한 사람이다.'

'나는 인정받고 사랑받기엔 너무나 무가치한 존재이다.'

'사람을 피하는 것이 상처를 덜 받는 최선의 방법이다.'

'나는 사람들을 불편하고 불쾌하게 만든다.'

'사람들은 비판적이고 공격적이며 적대적이다.'

'내가 잘못하면 사람들은 나를 무시하고 우습게 볼 것이다.'

■ 인간관계 실리형

이들은 인간관계를 현실적인 이득을 위한 거래관계로 보고 손해 보는 일은 절대 하지 않으려 한다. 타인의 내면적인 삶에는 관심 없으며 자신의 속마음도 내보이지 않으려 한다. 업무 중심적 인간관계에 치중하는데 성취지향적인 사람들 중에 많다. 이들은 내적으로 고독하고 좌절 시 심한 심리적 혼란을 겪게 된다. 주로 애정 중심적 인간관계보다 업무 중심적 인간관계에 과도하게 치중하는 사람, 지나치게 성취 중심적인 삶을 살아가는 사람들이다. give &

take의 교환적 시장원리가 작용하고 '정' '의리'의 가치보다 현실적 이득과 효율성을 강조하는 분위기에서 성장하였다.

이들이 주로 가지고 있는 인간관계에 대한 부정적 신념은 다음과 같다.
'성공하기 위해서는 폭넓은 인간관계가 필요하다.'
'인간관계에서는 현실적 이해관계가 가장 중요하다.'
'손해 보는 인간관계는 싫다.'
'넓은 인간관계는 성공하기 위해 필요하나, 사실 인간은 믿기 어려운 존재이다.'
'많은 사람을 아는 것이 중요하고 현실적으로 도움이 된다.'
'나의 내면을 드러내면 사람들이 나를 떠나갈 것이다.'
'인간관계에서는 고민을 드러내는 것은 부적절하다.'

▪ 인간관계 유희형

이들은 인간관계에서 얻는 최고의 가치를 쾌락과 즐거움으로 생각한다. 즉, 인간관계는 재미있고 신나게 놀고 즐기는 것이기 때문에 만나면 술 마시고 노래하고 유흥을 즐기며, 진지하고 무거운 주제를 싫어한다. 또한 자신의 속마음이나 고민을 진지하게 이야기하지 않고, 다른 사람의 무거운 이야기를 부담스러워 피하게 된다. 친밀한 관계에 대한 불편함과 두려움을 느끼기 때문에 상대를 자꾸 바꾸는 경향을 가지고 즐거움과 쾌락을 지향, 구속과 규제를 싫어한다.

성장과정에서 자기조절능력과 자기통제력이 부족하여 무책임한 경향을 보이며 잠재력을 발휘하기에 곤란하고 내적으로는 고독함을 느낀다.

이들이 주고 가지고 있는 인간관계에 대한 부정적 신념은 다음과 같다.

'인생에서 중요한 것은 즐거움, 쾌락이다.'

'인간관계에서는 재미와 즐거움을 얻는 것이 중요하다.'

'인생의 밝고 즐거운 면만을 보고 어둡고 괴로운 면은 외면해야 한다.'

'불필요하게 심각해질 필요는 없다.'

'인간관계는 재미있어야 한다.'

'불편함과 고통은 피하는 것이 최선이다.'

■ 인간관계 소외형

소외형은 인간관계에 대한 부정적인 신념이 원인이 아니라 대인 기술의 부족이라 할 수 있다. 예를 들어 타인의 행동을 보고 자신의 기준에 벗어나면 즉시 부당함과 분노의 감정이 생기고 이것을 즉각적으로 지적하거나 비난하여 결국 악의가 없음에도 미숙한 관계가 형성된다. 인간관계에서 적극적이고 능동적이지만 타인에게 호감을 주지 못한다. 이러한 비호감의 원인은 외모에 지나치게 무관심하여 부적절하게 자신을 꾸미거나 예의나 규범을 무시하거나 자기중심성을 가지고 상대를 배려하는 것이 부족하며 상황에 부적절한 행동을 하는 것이다.

[소외형 대인관계 기술과 인간관계]

▪ 인간관계 반목형

이러한 유형은 인간관계에서 다툼과 대립을 반복해서 경험하며 친밀한 관계를 맺기도 하지만 쉽게 감정이 상하거나 상대를 상하게 하기 때문에 적이 많고, 갈등상황을 해결하는 대인기술이 부족하다. 또한 강하게 생각과 감정을 지나치게 직선적으로 표현하는 성향이 있다. 행동의 결과에 대해 예측능력이 부족하고 자신의 감정을 앞세우기보다는 이성적 판단에 의해 행동을 조절하는 자제능력이 부족한 충동적인 사람이 많다.

이들은 절대주의적이고 분명한 신념을 지니고 있기 때문에 쉽게 부당함을 느끼고 자주 분노하게 된다. 또한 인간관계에서 옳고 그름에 대해서 절대주의적이고 분명한 신념을 지니고 있다. 다른 사람이 한 행동의 옳고 그름을 평가하는 완고한 기준이 있고 타인이 이러한 기준에 맞게 행동하기를 기대하고 암묵적으로 강요한다. 이러한 기준에 벗어나는 행동은 부당한 잘못된 행동으로 평가하고 그러한 행동을 한 사람에 대해서 강한 불만과 분노를 느끼기 때문에 부당한 행동을 한 사람은 즉각적인 지적과 비난을 통해 질책하고 교정해야 한다는 생각을 통해 불만과 분노를 직설적으로 표현한다. 이렇게 생각하고 행동하는 것이 옳고 바르게 사는 것이라는 신념을 가지고 있다.

▪ 인간관계 의존형

이들이 생각하는 '나'는 나약한 존재이기 때문에 유능하고 강한 사람을 의지의 대상으로 택하는 경향을 가진다. 상대를 과대평가하고 심하게는 우상화하여 자신의 많은 것을 희생적으로 상대에게 제공하기도 한다. 의사결정을 스스로 못하며 상대의 관심과 애정을 지속적으로 확인한다. 또한 유기에 대한 두려움으로 인해 상대에게 매달리게 된다.

이들은 매우 강렬한 인간관계에 대한 신념을 지니고 있다.
'진정한 친구는 한 명뿐이다. 나 이외의 다른 친구를 사귀는 것을 원치 않는다.'
'진정한 친구라면 어떠한 요구도 받아 주어야 한다.'
'친구와 늘 같이 지내며 서로의 신뢰와 애정을 확인해야 한다.'
'친구(애인)는 모든 것을 서로 이야기하고 나누어 줄 수 있는 사람이어야 한다.'
'혼자 있는 것은 정말 괴롭고 참을 수 없는 일이다.'
'친구 간에는 어디에서 무엇을 하는지 서로 알고 연락해야 한다.'

■ 인간관계 지배형

이들은 혼자서는 허전함과 불안함을 느끼기 때문에 추종세력을 거느리는 주도적인 역할에 만족감과 행복감을 느낀다. 자기주장이 강하고 경쟁적인 경향을 가지며 협력 상황에서 갈등을 유발하기 쉽고 때로 공격적이고 격렬한 감정 대립을 하기도 한다. 이들은 의존형과 궁합이 잘 맞을 수 있다. 자신이 지도적인 위치에 서기 위해 집단을 일방적으로 이끌어 나가려 하며 이를 제지하거나 경쟁하는 사람에 대해서는 공격적인 행동을 한다.

이들은 인관관계 의존형과 동일한 인간관계에 대한 부정적 신념을 가지고 있다.

[성숙한 사람들의 인간관계 특징]

① 인간관계에 대한 현실적인 욕구와 동기를 가지고 있다.
  - 현실상황에 맞추어 조절된 동기
  - 과도하거나 억압되지 않고 적절한 대인동기
  - 자신을 괴롭히거나 타인을 해치지 않는 대인동기
② 인간관계에 대해 현실적이고 유연한 신념을 가지고 있다.
  - 인간과 인간관계에 대한 깊은 관심을 지니고 동시에 인간의 본성에 대해 이해
  - 인간은 무한히 선하고 이타적인 속성도 있지만, 무한히 사악하고 이기적인 속성도 있음을 이해
  - 인간관계의 다양성과 가변성에 대해 현실적인 이해
③ 효과적이고 원활한 대인기술을 가지고 있다.
  - 다른 사람의 마음을 잘 이해하고 자신의 마음을 잘 전함
  - 경청과 표현 기술
  - 타협과 절충 기술
④ 객관적이고 정확한 지각능력과 판단능력을 가지고 있다.
  - 대인지각이나 대인사고에서 왜곡과 편견이 적음
  - 타인의 의도나 감정을 섣불리 판단하지 않고 객관적으로 파악
⑤ 인간관계 속에서 안정된 감정 상태를 유지하고 있다.
  - 타인과의 관계를 조화롭게 유지하므로 불필요한 부정적 대인감정을 경험하는 정도가 적음
  - 불편한 갈등이 생기더라도 빠른 시일 내에 지혜롭게 해결함으로써 타인과 조화롭고 긍정적인 인간관계를 지속함

① 환경에 대한 통제감 (Environmental Mastery)
  - 주변 환경에서 발생하는 문제를 잘 처리하는 능력과 이에 대한 통제감을 지
    닌다.
  - 가정, 직업, 사회적 활동에서 주어진 역할을 잘 수행한다.
  - 자신의 환경적 조건을 효과적으로 잘 활용한다.
② 타인과의 긍정적 인간관계 (Positive Relation with Others)
  - 타인과 친밀하고 신뢰로운 관계를 형성한다.
  - 타인의 행복에 관심을 지닌다.
  - 인간관계의 상호 교환적 속성을 잘 이해한다.
  - 사랑을 하고 사랑을 받을 수 있는 능력을 지닌다.
③ 개인적 성장감 (Sense of Personal Growth)
  - 자신이 지속적으로 성장하고 있다는 느낌을 갖는다.
  - 자신이 발전하고 확장되고 있으며 자신의 잠재력이 실현되고 있다는 느낌을
    갖는다.
  - 자신의 발전과 성장을 위해 노력하며 새로운 경험에 개방적인 자세를 지
    닌다.
④ 자율성 (Autonomy)
  - 타인이나 외부적 압력에 따라 살기보다 자신의 가치와 선택에 의해 살아간
    다는 느낌을 갖는다.
  - 독립적이며 독자적인 결정능력이 있으며 자신의 내면적 기준에 의해 행동
    한다.
  - 삶의 자유와 자율성을 중시한다.
⑤ 인생의 목표의식 (Purpose in life)
  - 인생의 목적과 방향감을 지니고 있다.
  - 삶에 대한 일관성 있는 목적과 목표를 가지고 있다.
  - 현재와 과거의 삶에 의미가 있다고 느낀다.
  - 인생에 의미를 부여하는 신념체계를 가지고 있다.
⑥ 자기수용(self-acceptance)
  - 자기 자신에 대해서 긍정적인 태도를 지닌다.
  - 긍정적 특성과 부정적 특성을 모두 포함한 자신의 다양한 특성을 인정하고
    수용한다.
  - 과거의 삶에 대해서 긍정적으로 느낀다.

내가 간섭하지 않으면,

그들이 스스로 자신을 돌본다.

내가 지배하지 않으면,

그들이 스스로 바르게 행동한다.

내가 설교하지 않으면,

그들이 스스로 개선한다.

내가 강요하지 않으면,

그들은 진정한 자기 자신이 된다.

Friedman, 1972

3부 ⊃
나와 너의 소통 - 대화법

1장.

말의 힘

● 인간의 문제는 말의 문제이다.

인간의 문제는 대부분 관계의 문제이며, 관계에서의 문제는 언어와 소통의 문제이며, 감정의 문제가 된다. 결국 인간의 문제는 감정의 문제이다.

1장 인간행동모델을 말을 중심으로 다시 살펴보자. 인간은 자신도 인지하지 못하는 무의식 세계에 신념과 욕구 및 가치를 형성하고 있다. 이것은 마치 인간을 움직이는 거대한 데이터베이스와도 같다. 살아가는 매 순간 눈이 보이는 것, 귀로 들리는 것, 만져지는 것을 포함하여 사소한 정보라도 입력이 되면 데이터베이스에 저장된 감정과 처리방식을 활용하여 판단과 행동의 자료로 활용한다.

2017년 11월 23일 목요일에 첫눈이 내렸다. C대학교 강의장에서 교수가 학생들에게 '오늘 첫눈이 오니 기분이 어땠어요?'라고 질문하였다.

'걱정이 되었어요.' '저도 걱정이 되었어요.' '신났어요.' '짜증났어요.'……

학생들은 저마다 답을 하였다.

교수 : A학생. 어떤 생각을 하니 걱정이 되었어요?

A학생 : 미끄러운데 학교가 멀어 걸어오려니까 걱정이 되었어요.

교수 : B학생은 어떤 생각을 하니 걱정이 되었나요?

B학생 : 저는 운전을 하고 다니는데요, 아직 초보운전이라서요…….

교수 : C학생은 왜 짜증이 났어요?

C학생 : 머리를 고대기로 말렸는데, 젖으면 미워질 것 같아서요.

교수 : D학생은 왜 신났어요?

D학생 : 흰 눈이 쌓인 대학 캠퍼스를 처음 보니 신기하고 좋았어요.

교수 : E학생은 왜 짜증이 났어요?

E학생 : 남자친구가 없는데 눈이 오니 짜증났어요…….

학생들은 감정이 그냥 생긴 것으로 생각하고 있다가 교수가 '어떤 생각을 하니 그런 기분이 들었어요?'라고 반복해서 묻자, 곧 감정의 원인이 자신의 생각이라는 것을 알아채었다. 그러나 한 사람이 평생 동안 저장한 무의식의 세계 즉, '~~이 옳다.'라는 신념과 나는 '~~를 원해.'라는 욕구 그리고 '~~이 중요해.'라는 가치가 순식간에 생각을 만들어 내고 이것이 감정을 만들어 낸다. 그리고 감정/기분이 생겼다고 해서 모든 것을 말로 표현하지는 않는다. 말도 하나의 행동의 일종이다.

[말의 구조]

인간은 감정에 따라 행동을 한다.

> "그 종의 주인이 불쌍히 여겨 놓아 보내며 그 빚을 탕감하여 주었
> 더니 주인이 노하여 그 빚을 다 갚도록 그를 옥졸들에게 넘기니라."
> - 마태복음 18장 /27절, 34절

이 마태복음의 성경구절은 매우 유명한 내용이다. 1만 달란트를
빚진 종을 불쌍히 여겨 놓아주었다. 그런데 이 종이 주인께 감사를
하고 주인의 집을 나가다가 자신이 1백 데나리온을 빌려준 또 다른
사람을 만나자 당장 자신의 돈을 내 놓으라 협박을 하였다. 이 사
실이 주인에게 알려지자 주인이 노하여 종을 옥졸들에게 넘기게 되
었다.

(감정) 불쌍히 여겨 → **(행동)** 빚을 탕감하여 줌

(감정) 노하여 → **(행동)** 옥졸들에게 넘기게 됨

상황은 같은데 주인은 너무도 다른 두 가지의 감정을 느끼고 또
그에 따라 완전히 다른 종류의 행동을 하게 된다. 인간은 누구나

자신이 객관적으로 판단한다고 생각한다. 그러나 이것이야말로 지극히 주관적인 것이며, 주어진 상황에 대한 자신의 판단과 그에 따르는 감정, 또 뒤따라오는 행동을 하게 된다. 인간은 언어를 도구로 생각을 하며, 언어도 인간의 중요 행동 양식이기 때문에 감정 → 말도 적용된다.

그런데 감정 → 말의 과정에서 많은 오류가 생긴다. 인간은 세심하게 자신의 감정을 들여다보는데 익숙하지 않고, 감정보다 선행하여 일어난 생각을 관찰하지도 않으며, 또 그에 앞선 원인이 되는 욕구도 잘 인식하지 못하기 때문이다.

친밀한 인간관계를 원하는가? 좋은 부모, 좋은 배우자가 되고 싶은가? 그렇다면 말의 공부를 하기를 권한다. 단순히 말을 주고받는 서비스 수준이 아니라 욕구, 가치, 신념까지도 읽어주는 대화, 하루에도 수만 번 생산되는 감정을 공감해 주는 대화법을 공부하기를 권한다. 두 사람 사이에 깊은 만남을 경험할 것이다.

● **자존감은 부모의 말을 먹고 자랐다.**

제1부 '나와 나의 관계 - 자존감'에서 다룬 내용을 한 번 더 생각해 보자.

인간은 자기표현적인 존재이기 때문에 태어나면서부터 다양한 방식으로 자기를 표현한다. 자기를 표현할 때에는 알아주기를 기대하는 상대방이 있는데 주로 부모와 같이 중요한 타인이 될 수 있다. 부모는 아이의 표현에 대해 민감하게 반응할 수도 있고 알아채지 못하거나 다른 이유에서 반응을 보이지 않을 수도 있다. 또 아이의 긍정행동에 주로 반응하는 경우, 부정행동에 주로 반응하는 경우, 무조건적이며 수용적으로 반응하는 부모의 경우로 구분해 볼 수 있다. 이러한 반응 형태는 아이와 애착형성에 결정적 영향을 끼칠 것이며, 자기개념, 자존감 형성의 밑거름이 될 것이다.

아이가 울거나, 웃거나, 말하는 표현을 부모가 민감하게 감지하고 반응을 할 때, 말이 주된 도구가 될 것이다. 메라비언의 법칙에 의하면 시각 메시지(55%), 청각 메시지(38%)가 소통의 대부분을 차지하고 말의 내용은 7% 수준이라고 한다. 부모의 반응도 마찬가지일 것이다. 언어적 비언어적인 메시지가 아이에게 고스란히 전달되어 아이의 마음 형성에 영향을 끼칠 것이다. 이런 의미에서 아이의 자존감은 부모의 말을 먹고 자란다고 할 수 있다.

[아이의 자기표현에 대한 부모의 반응 유형]

인간의 행동모델을 표현중심으로 보면 다음 그림과 같다. 태어나면서 죽는 순간까지 매일 수많은 욕구가 생기고 사라진다. 욕구가 충족되면 긍정적인 기분이 생기고 욕구가 좌절되면 부정적인 기분이 든다. 부정적인 기분을 적절하게 표현하면 건강한 정신생활을 유지하게 되지만 반복적으로 표현이 억압되면 문제행동과 증상으로 나타나게 된다. 과거의 불유쾌한 정서 경험이나 지나친 판단과 평가를 한 부모의 양육태도 등으로 욕구가 좌절되었을 때 건강하게 표현하는 데 걸림돌이 있을 수 있다. 이것은 외부 상황에 대한 자신의 생각과 감정과 행동이 워낙 순식간에 일어나고 습관화 된 것인데다가, 반복적으로 외면해 온 탓에 자신의 내면 소리도 인식하지 못하고 상대의 내면 소리도 듣지 못한 채 언어 전달을 하기 때문에 많은 오류가 생기게 된다. 게다가 상대가 하는 모든 말에 대해서 자신의 기존 생각으로 판단하고 감정을 느끼면서 상대에게 그 책임을 전가하는데 익숙해 있다. 이러한 이유로 인간은 철저히 주관적으로 판단하는존재이다.

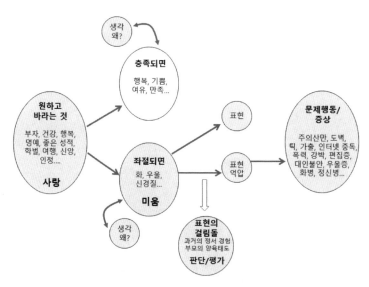

[인간행동 모델-표현 중심으로]

인간은 태어날 때 어떠한 생각이나, 감정의 종류를 가지고 태어나지는 않는다. 변연계의 감정회로에서 다양한 감정이 발생하고 전두엽에서 판단을 하는 과정이 반복되고, 수많은 반복이 자동화되어 습관이 된다. 이 자동화된 습관이 누적되어 인간의 행동모델이 형성되는 것이다. 이러한 까닭에 모든 인간의 생각과 감정은 유일한 대상이 된다. 그리고 이러한 형성과정에 가장 중요하고 결정적 역할을 하는 것이 부모의 언어이다. 부모의 반복적인 말은 아이의 자존감과 자아개념을 형성하는데 영향을 미치고, 이것은 외부 사건을 대할 때 불쑥 올라와 자신을 조정하게 된다.

예를 들어, A유형의 부모와 B유형의 부모가 있다고 하자. A유형의 부모는 아이가 울 때 "좀 울어도 돼. 즉각적 반응은 아이를 변덕스럽게 해."라고 생각한다. 이것의 반복적 결과, 아이는 세상을 대하는 불신감이 형성된다. "세상은 믿을 만한 곳이 못 돼!" 그리고 이것은 "나는 별 볼일 없는 사람인가 봐."라는 자기개념이 형성된다. 이것은 자신의 잠재의식 속에 깊이 내재되어 있다가 새로운 일에 도전을 못하게 하고 용기가 없는 사람이 되게 한다. 설령 새로운 일에 도전을 했다 하더라도 성공확률이 낮게 된다. 더욱 중요한 것은 원인을 어떻게, 누구에게로 돌리는지에 대한 귀인성향이다. 만약 본인이 성공하였을 땐 "이번엔 운이 좋았어. 다음에도 운이 좋지는 않을 거야."라고 외부요인으로 귀인을 한다. 반대로 본인이 실패 하였을 땐 "역시 나는 안 돼!"라고 내부요인으로 귀인을 한다.

반대로 B유형의 부모는 아이가 울 때 "우리 아기가 왜 울까? 뭐가 필요하지?"하고 즉각적으로 반응하고 따뜻하게 보살핀다. 이때 아이는 세상에 대한 신뢰감이 형성된다. "세상은 믿을 만한 곳이야!" 그리고 이것은 "내가 꽤 괜찮은 사람인 모양이네!"라는 자기개념과 자신감 형성으로 연결된다. 이것은 자신의 잠재의식 속에 깊이 내재되어 새로운 일에 쉽게 도전할 수 있는 용기 있는 사람이 된다. 성공했을 경우, "역시 나는 장해!"라고 내부귀인을 하게 된다. 실패했다 하더라도 "나는 운이 나빴어."라고 외부귀인을 하기 때문에 더 높은 자신감을 가지게 한다.

요약하면 부모의 초기반응에 따라 내면이 형성되고 이것은 세상과 아이의 관계를 결정짓게 되는 것이다.

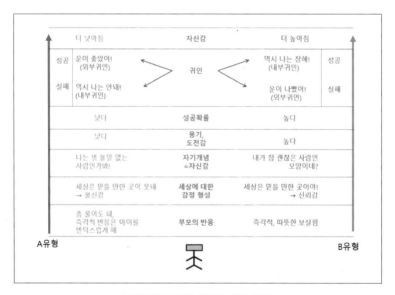

[부모반응에 따른 아이의 성격 형성]

아이가 어릴 때 초기의 외부 신뢰가 내부 신뢰로 결정되는데 이 것은 자기개념, 자신감, 자존감의 근원이 되고, 한번 형성되면 주관 적이고 매우 안정적이어서 인간행동의 숨은 조정자가 되고 변화하 기가 매우 어렵다. 이러한 아이의 내부 신뢰를 만드는 결정적 요인 이 부모의 말이다. 말은 정말 힘이 세다. 인간이 건강하게 생활하기 위하여 생물학적으로 음식, 공기 등을 충분히 섭취해야 하고 심리 학적으로 충분한 사랑과 인정을 받아야 한다. 이것이 채워져야 자 신감이 형성된다. 결국 부모의 말은 아이를 죽이기도 살리기도 하 며, 아이가 행동하게 할 수도 행동하지 않게도 할 수 있는 마법의 힘이 있다.

이것은 유머이지만, 옳은 이야기이다.

인간이 화가 나면 돌고래처럼 IQ가 80이 되고, 슬퍼지면 침팬지 처럼 IQ가 70이 된다고 한다. 그래서 화나거나 슬퍼지면 돌고래와 침팬지처럼 꽁치와 바나나를 먹고 싶어지고, 리더십이나 자신감이 저하되며, 공부도 안 되고 결국에는 그 사람의 신뢰도가 낮아지고 삶의 질이 저하되게 된다. 그리고 이렇게 화가 나거나 슬퍼지게 하 는 중요한 원인은 누군가의 말이다.

● 말은 반드시 열매를 맺는다.

우연의 일치인지 모르겠지만 노랫말처럼 살아가는 가수들이 있 다.

'또 하루 멀어져 간다. 내뿜은 담배연기처럼～～～' '집 떠나와 열차타고～～～～～'를 구슬프게 불렀던 김광석은 자살하였다. '아무도 날 찾는 이 없는 외로운 이 산장에～～～'를 외롭게 불러

댄 권혜경은 77세까지 노래처럼 살았다. '나의 모든 사랑이 떠나가는 날은~~~' 김현식도 젊은 나이에 생을 마감하였다.

이것을 뇌과학적으로 해석해 볼 수 있다. 뇌 안에서는 유쾌감정과 불쾌감정이 신경전달물질이라는 화학물질의 형태로 분비된다. 유쾌한 감정이 들 때 분비되는 세로토닌이나 도파민과 같은 신경전달물질은 실제 건강에 도움이 되고, 불쾌한 감정에서 분비되는 아드레날린과 같은 신경전달물질은 건강에 해로운 물질로 알려져 있다. 노래를 한다는 것은 단순히 소리와 멜로디를 연결한 것을 넘어선다. 노래를 부를 때 슬프다는 말은, 슬픈 감정을 스스로 생산하는 것이며 신경전달물질을 마구 분비하게 된다. 가수가 노래 한 곡을 완성하기 위해서 수백~수천 번 연습을 하지 않는가? 그리고 감정이입을 화끈하게 하는 가수를 우리는 명가수라 하지 않는가? 온 몸을 한 바퀴 감싸 돌아 나온 가수의 애절함이 표현될 때 보는 사람이 카타르시스를 일으키고 함께 눈물 흘리지 않는가?

누구나 노래방 가면 즐겨 부르는 노래가 있을 것이다. 사실 그 노래를 찾는 것이 아니라 그 감정을 찾아 노래를 부르는 것일지도 모르겠다.

노래만 감정을 생산하는 것이 아니다. 모든 말이 그렇다. 심각한 상황이 아닌데도 불구하고 습관적으로 욕설을 내뱉는 사람도 속이 후련해지는 감정 경험을 할 것이다.

결론적으로 말은 감정을 생산한다. 자신의 욕구와 관련이 적거나 이성적으로 해야 할 말을 선택하고 신중하게 표현할 때에는 감정이 덜 생산된다. 생각은 자신과의 대화이며, 말은 생각의 표현인 동시에 감정을 생산하는 이유 때문에 반드시 열매를 맺는다.

사람은 말의 열매를 먹고 사는 존재라고도 할 수 있다. 말과 사람의 표정 또한 관련이 있다. 나이 마흔이면 얼굴에 책임을 지라 하지 않는가? 얼굴 표정이 해맑고 웃음을 머금은 사람의 언어 습관과 짜증이 잔뜩 묻어있고 삶의 고통이 잔뜩 깃든 얼굴 표정을 한 사람의 언어 습관은 분명 차이가 있을 것이다.

성공학자 앤서니 라빈스는 말에 각인력, 견인력, 성취력이 있으며 '당신이 끊임없이 사용하는 말은 당신의 운명을 결정한다.'고 주장하였다.

♠ 최근에 내가 화나거나 슬퍼진 사건에 대하여 생각해 보자.

· 내가 들은 말/본 행동은?

· 그 상황에서 나의 기분은?

· 나는 어떤 생각을 하였는가?

· 어떤 행동/말을 하였는가?

· 나의 생각, 감정, 자존감에 대하여 자신의 생각을 나누어 보자.

2장.

소통 – 왜 어려운가?

● 인간은 믿는 대로 보인다 : 삭제, 왜곡, 일반화

심리상담, 최면, 자기계발에 활용되고 있는 신경 언어학을 기반으로 하여 적극적 사고를 돕는 기법인 신경언어학 프로그래밍(Neuro-Linguistic Programming)의 가장 중요한 전제가 있다.

"지도는 영토가 아니다"

인간은 눈, 귀 등 감각기관으로 실제 세상을 인식한다. 그러나 누구도 실제 세상 자체를 인식할 수 없고 각자의 필터로 인식할 뿐이다. 인간의 눈이나 귀로는 보거나 들을 수 있는 범위가 제한적이다. 너무 낮은 저음도 듣지 못하고 너무 높은 고음도 듣지 못한다. 예를 들어 지구가 자전할 때 엄청난 굉음을 내지만 들을 수 없고 돌고래, 박쥐가 내는 초음파도 들을 수 없다. 가청 주파수(audio frequency)는 16hz~20Khz(20,000hz) 사이이다. 인간의 눈으로 볼 수 있는 전자기파의 파장대역은 400~700nm 정도의 파장이다. 인간이 볼 수 있는 파장대의 전자기파를 흔히 빛 또는 가시(可視)광선이라 한다.

인간은 감각기관을 통하여 들어온 정보를 각자의 내적 자원과 내적 프로세스에 따라 삭제하고 왜곡하고 일반화된 나만의 지도를 가지고 있을 뿐이다. 파란색이 안 보이는 색맹이라면 그의 세상에는 파란색이 없다. 우리가 이해하고 행동하는 또 그 행동에 의미를 부여하는 것도 실제가 아니라 실제라고 믿는 우리의 내적 지도일 뿐이다. 이 지도는 나의 환경적 특성, 가치관, 신념, 문화적 특성에 기초하여 만들어진다. 그래서 우리는 보고 싶은 것만 보고, 듣고 싶은 것만 듣고, 느끼고 싶은 것만 느낀다.

제1부에서 설명한 인간행동모델에 따르면 인간의 내적 자원은 자신의 기억, 가치, 욕구, 신념 등이며 이것을 처리하는 자신만의 내부 프로세스가 있다.

이러한 이유에서 '인식은 투사다(perception is projection)' 즉, 자신이 세상을 보고 해석하는 것은 자신의 내면에 저장되어 있는 내적 자원과 내적 프로세스를 반영하는 거울이다.

미술에 대해 무지한 필자가 어느 날 '어머니 꽃 만다라'라는 제목의 전시회에 갔다. 전시회에는 전문예술단체인 「장애인 인식개선 오늘」에서 기획하였고 '이익태 작가'의 작품을 전시하였다. 전시회를 주관한 대표의 설명을 듣고 이익태 작가가 국내에서 상당히 유명한 작가임을 알 수 있었다. 이런 미술 초보자의 눈에 이익태 작가의 작품은 경이로움 자체였다. 특히 눈에 확 들어온 것은 다음 작품이다.

[이익태 작가의 만다라]

필자 : 빨간색 배경의 거의 대부분에 검은색 코끼리가 한 마리가
　　　있고, 그 아래에는 괴물 같은 존재들이 오글오글 모여 있기
　　　도 하고 흩어져 있기도 하다. 이 작품 앞에서 한참을 서 있
　　　다 보니, 거대한 사회구조 안에서 이유도 모른 채 서로 물
　　　고 뜯고 싸우는 우리네 모습을 보는 듯하여 창피한 감정이
　　　확 떠올랐다.
　　　'사무처장님은 저 그림을 보고 무슨 생각이 드세요?'하고
　　　전시회 관계자에게 물었다.
사무처장 : 권위와 희생이 공존한다는 생각이오. 권위는 국가가 가
　　　　　지고 있는데 국민을 지키기 위한 책임감 있는 권위라고
　　　　　생각이 들고 권위자는 의도한 것과 상관없이 흘러가는
　　　　　현실 속에서 희생이 뒤따른다는 생각이 들었어요.
방문자 : 코끼리의 우직함. 다른 누가 건드려도 굳건히 서 있는 우
　　　　직함이 느껴져요. 주위에서 코끼리를 괴롭히고 있지만 삶

의 고달픔 속에서도 그 자리를 지키고 있다는 생각이 들어요.

대표(전문작가) : 저 작품을 이해하려면, 코끼리의 상징성을 이해해
　　　　　야 해요. 코끼리는 인도 시바의 여신을 모시는 지
　　　　　배자의 상징을 가지고 있지요. 자유분방함과 수행
　　　　　도 작가가 표현하고 싶었던 것 같아요. 이러한 것
　　　　　을 더 잘 이해하려면 위키백과에서 만다라 심볼
　　　　　과 환경설정 등을 함께 찾아서 보는 것이 좋아요.

　그리고 필자를 포함한 네 명은 같은 작품을 보면서 전혀 다른 경
험을 하는지에 대해 한참을 나누었다. 결론은 자신이 가진 지식의
양, 가치관, 심리상태가 투사된 것이라는 것이다.

　심리상담의 현장에서 흔히 확인할 수 있는 사실은, 자신을 분노
하게 하거나 화나게 하는 상대방의 모습이 사실은 자신의 모습이라
는 것이다.

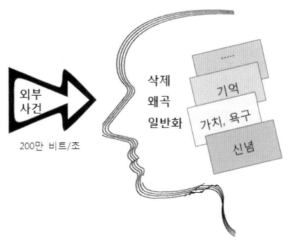

[인간의 실제세상 인식]

인간이 오감을 가지고 실제 세상을 인식할 때 주로 삭제, 왜곡, 일반화를 사용한다.

첫째는 삭제이다. 우리는 경험에 대하여 선택적으로 반응한다. 그래서 어떤 경험은 받아들여서 기억을 하지만 또 어떤 경험은 생략하고 삭제한다. 생략되거나 삭제된 경험들은 기억 창고에 아예 등록이 되지 않거나 등록이 되었다 하더라도 중요하지 않게 여기고 무시하게 된다.

오늘 아침에 일어나서 학교나 일터까지 온 길을 상상해 보자. 자가용을 타고 왔을 수도 있고 걸어오거나 버스, 지하철을 타고 왔을 것이다. 30분이라고 하자. 30분 동안 오면서 자신의 눈으로 본 자동차, 나무, 간판, 사람, 하늘 등이 몇 가지나 될까? 그중에서 기억나는 것이 있는가? 어떤 사람들이 기억나는가? 차는 어떤 것이 기억나는가? 나무는? 하늘의 구름은? 건물은? 본 것과 지금 기억하는 것의 비율은 얼마나 되는가? 아마도 모든 사람들이 5% 이하를 기억할 것이다. 본 것만 그런가? 귀로 들은 것과 코로 맡은 냄새, 촉감으로 느껴진 것들은 또 어떤가? 인간이 선택적으로 반응할 수 있는 것은 오감을 통하여 접한 것들 중 극히 일부분에 불과하다. 이런 이유에서 함께 있었던 사람이 몇 명이라 하더라도 모두 각자 다른 경험을 하고 다른 자신만의 지도를 저장하게 된다.

둘째는 왜곡이다. 거울 중에는 사물을 축소된 모습으로 비춰주는 것도 있고 확대하여 보여주는 것도 있다. 우리도 자신의 경험이나 외적 자극 및 정보를 확대하거나 축소함으로써 원래의 모습과는 다르게 본다. 실험을 해 보자. 세상에서 자신이 가장 사랑하는 사람의 얼굴을 상상하면서 그려보자. 눈썹, 코 모양, 눈가의 주름, 점까지

가능한 세밀하게 그려보자. 너무 어려운가? 그렇다면 자신의 모습을 그려보자. 그림에 소질이 없다면 말로 표현해 보자. 그림이나 말로 표현한 것과 실제 모습을 비교해 보자. 얼마나 일치하는가? 사람들이 보기에 예쁜 여성이 성형중독이 되는 것도 어쩌면 지독한 왜곡현상이라 할 수 있을 것이다. 우리가 기억하고 있는 것, 특히 감정과 관련된 것뿐 아니라 확실히 알고 있다고 생각하는 것들까지도 모두 실제 세상과 일치하지 않는 자신이 왜곡한 지도에 불과하다.

셋째는 일반화이다. 우리는 경험을 하면서 어떤 특정한 부분으로 전체를 대표하게 하고 나머지에는 주의를 기울이지 않는 경향이 있다. '자라보고 놀란 가슴 솥뚜껑보고 놀란다.'는 속담과 비슷하다. 과거에 어떤 골목길에서 개에게 물린 경험이 있다면, 설령 지금 골목길에 개가 없더라도 괜히 무서워하거나 불안해하는 것과 같다. 심지어 모든 골목길에 개가 있는 것처럼 생각하고 행동할 수도 있다. 이것은 과거의 유사한 경험에서 배웠던 것을 바탕으로 새로운 상황에 적절하게 대처하게 해주는 좋은 점도 있다.

결론적으로 인간이 인지하고 기억하는 세상은 모두 자신의 내면 세계라는 거울을 통해 반영된 지도일 뿐이다. 그리고 모든 사람은 다르게 세상을 인식하고 기억하고 필요시 재생한다. 게다가 누구나 자신이 인식하고 기억하는 것을 상식으로 받아들이고 누구나 같은 모양으로 기억할 것으로 기대한다. 이것이 인관관계와 소통을 어렵게 하는 첫 번째 이유이다.

자신이 세상의 극히 일부만 경험할 수 있음을 인정하라

● 인간은 누구나 자신만의 스토리를 쓴다.

경험의 해석

미래를 결정하는 것은 과거의 경험이 아니다.

그 경험을 당신이 어떻게 해석하는가가 미래를 결정한다.

- 아들러

진화심리학자이자 뇌과학자인 캘리포니아대 마이클 가자니가 교수는 좌뇌의 해석기(interpreter) 개념을 제시하였다.

우리는 분리뇌 환자 한 명에게 두 장의 그림을 보여주었다. 닭발이 그려진 그림은 오른쪽 시야에 보여 주었다. 그러니까 좌뇌는 닭발 그림만 본 것이다. 그리고 왼쪽 시야에는 눈이 내린 풍경의 사진을 보여주었다. 우뇌는 눈이 내린 풍경만 본 것이다. 그런 다음 여러 장의 그림을 환자 앞에, 그러니까 좌뇌와 우뇌가 모두 볼 수 있도록, 펼쳐 놓고 한 장을 고르게 했다. 왼손은 삽을 가리켰고(눈 내린 풍경에 가장 잘 들어맞는 대답이었다). 오른손은 닭을 가리켰다(닭발에 가장 잘 들어맞는 대답이었다). 그리고 나서 왜 그 사진들을 선택했는지 물었다.

환자의 좌뇌 언어중추는 "아, 그건 간단해요. 닭발은 닭이랑 어울리잖아요."라고 대답하여 알고 있는 것을 쉽게 설명했다. 좌뇌는 실제로 닭발을 봤으니까. 그러더니 삽을 가리키고 있는 왼손을 내려다보면서 조금도 주저하지 않고 "그리고 닭장을 치우려면 삽이 필요하잖아요."좌뇌는 왜 삽을 골랐는지도 모른 채 왼손의 반응을 관찰한 즉시 설명이 가능한 상황으로 끼워 넣은 것이다. 말하자면 이미 알고 있는 사실과 일관되도록 상황에 맞게 반응을 해석한 것이다.

좌뇌가 알고 있는 사실은 닭발뿐이었다. 눈이 내린 풍경에 대해서는 아무것도 몰랐지만 왼손이 쥐고 있는 삽을 설명해야 했다. 닭은 어지르길 좋아하니까 청소를 해야 해. 옳거니, 바로 그거야! 말이 되는군. 흥미로운 점은 좌뇌가 "모르겠다."고 대답하지는 않는다는 사실이다. 사실 좌뇌는 아무것도 모르는 게 맞는 말인데 말이다. 좌뇌는 상황에 맞는 사후 대답을 만들어 냈다. 알고 있는 사실에서 단서를 찾아 납득이 되도록 엮어 이야기를 만들었다. 우리는 좌뇌의 이같은 과정을 해석기(interpreter)라 불렀다.

마이클 가자니가 저/박인균 역, "뇌로부터의 자유", 추수밭, 2012, p127-131

해석기: 적절한 반응 행동을 생성하기 위하여 내부와 외부 이벤트의 설명을 찾는 좌뇌 시스템

Interpreter : A left-brain system that seeks explanations for internal and external events in order to produce appropriate response behaviors.

해석기는 뇌 내 정보인 사실과 감정과 현재 접하고 있는 외부 정보를 섞어 새로운 이야기로 만든다. 인간의 뇌는 약 1000억 개의 신경세포와 신경세포를 연결하는 시냅스만 가지고 태어난다. 삶의 과정에서 겪는 순간의 사건에서 감정과 사실을 기억하게 되고 다음에 비슷한 상황에서 기억을 끄집어낸다. 뇌 속의 기억과 지금 현실에서 맞닥뜨린 정보를 섞어 새로운 의미를 만들고 이것은 새로운 사실과 감정의 기억으로 저장된다. 이러한 일을 반복하다 보면 자신만의 세상을 해석하는 방식이 패턴화 된다. 이렇게 세상을 해석하는 좌뇌에 있는 모듈을 해석기(interpreter)라 한다. **기억**과 **해석**

기의 조합이 뇌의 실체이다.

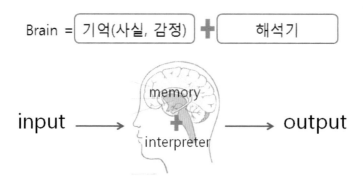

　인간은 매분, 매초마다 막대한 양의 정보를 오감을 통하여 받아들이고, 언어를 통한 내적 대화로 이 막대한 양의 정보를 재생산한다. 이 모든 정보를 동시에 모두 처리하는 것은 불가능하기에 인간의 두뇌는 중요한 정보와 중요하지 않은 정보를 구분하여 중요하지 않은 정보는 삭제하고, 중요한 정보만 받아들여 해석의 재료로 활용한다. 현대의 신경과학은 익숙한 내면의 이야기가 자아의식을 갖게 하며, 이 이야기가 나오는 근원은 '해석기'라고도 불리는 뇌의 특정 부분이라고 말한다.

> The left hemisphere contains what Michael Gazzaniga has called the interpreter, a system that seeks explanations for internal and external events in order to produce appropriate response behaviors.
> 좌반구에는 가자니가가 해석기라고 부르는, 적절한 반응 행동을 생성하기 위하여 내적 사건과 외적 사건의 설명을 찾는 시스템을 포함한다.
> Cognitive Neuroscience-The Biology of the Mind. Michael S.

Gazzaniga etc. p490

"왼쪽 뇌는 자기가 완전히 통제하고 있음을 자기 자신과 당신에게 확신시키기 위해 이야기를 엮어 낸다. …… 해석기는 개인의 이야기를 하나로 묶기 위해 노력하고 있다. 그렇게 하려면 우리는 자신에게 거짓말하는 법을 배워야 한다." - 마이클 가자니가
(예를 들어, 자신이 '좋은 사람'이라는 주제 아래 자신에 관한 이야기들을 일관성 있게 묶으려 할 수 있다.)

"자연은 좌뇌를 해석하는 작업을 하도록 만들었고, 좌뇌는 주변세계를 해석하기 위해 과거와 현재의 지식을 조화시킨다."

"인간은 믿음을 형성하는 기계이다. 우리는 빠르고 견고하게 믿음을 형성하고 심화시킨다. 우리는 믿음의 기원이나 빈번하게 나타나는 이상한 측면들은 잊어버리고 믿음을 우리 삶에서 의미 있는 지도적 존재로 생각한다. 우리는 믿음에 의존하고 그와 모순된 정보가 있어도 그 믿음을 고수한다. 이것이 바로 인간의 뇌가 하는 일인 것이다. …… 윤리적 체계들은 수백 수천 년에 걸쳐 진화한 믿음 체계로부터 생겨난다는 것을 알 수 있다." - 마이클 가자니가
<왜 인간인가?>

중3 철수는 수학을 싫어한다. 초등학교 때에는 그래도 할 만 했는데 중학교에 와서 급격히 성적이 떨어지더니 3학년이 되니, 수학을 생각만 해도 머리가 아플 지경이다.

철수 엄마는 자신도 학교 다닐 때 수학을 아주 싫어했고 잘 하지 못했던 것을 생각하면서 철수가 수학을 잘 못하는 것에 대해 이해해 주고 싶었다. 그래서 '수학은 원래 어려워.', '엄마도 학교 다닐 때 수학 무지 싫어했어.', '우리 집안은 원래 수학에는 약해.', '수학을 좋아해서 하는 사람이 누가 있겠어?'라는 식의 이야기를 해 주곤 했다. 결정적으로 이러한 엄마의 이야기가 철수가 수학을 더 싫어하도록 하는데 작용을 하였다. 인간은 끊임없이 스토리를 쓴다. 그리고 그

스토리가 자신의 가치감과 효능감에 대한 신념으로 굳어진다. 위에서 인간은 자신의 생각에 대한 믿음 즉, 신념(信念)에 따라 행동하는 존재라고 하였다. 이에 따르면 철수는 수학에 대한 타인과 자신이 쓴 스토리가 신념으로 확고하게 자리 잡게 되어 수학을 생각만 해도 머리가 아프고 자신은 수학을 잘할 수 없다는 믿음을 형성하고 그에 따라 행동하게 되는 것이다.

이렇듯이 인간은 모든 대상, 모든 행동에 대해 자신만의 스토리를 끊임없이 쓴다. '엄마는 … 하는 사람이야.' '나는 … 사람이야.' '수학은 … 야.' 등이다. 이것은 좌뇌에 있는 해석기가 효율적으로 세상을 살아가기 위해 만들어내는 것이다.

고2 진석이가 어느 날 엄마와 아빠와 대화를 나누고 있다.
진석 : 엄마, 나 정도 성적이면 인생 막장으로는 살지 않겠지요?
엄마 : 인생 막장이 뭐야?
진석 : 편의점 알바나 공장 노동자 말이에요.
지금 진석이는 자신의 인생에 대해 부정적이고 두려운 스토리를 쓰고 있는 것이다. 머릿속에서는 편의점 알바나 공장 노동자로 일하고 있는 자신의 모습을 상상하고 있다. 이러한 상상과 스토리는 두려움과 위축감의 감정을 생산하게 하고 공부에 대해 적극적으로 행동하지 못하고 회피하도록 한다. 이때에는 진석이의 머릿속에서 일어나고 있는 상상과 스토리를 바꾸어 주어야 한다.
엄마 : 너는 어떻게 살고 싶은데?
진석 : 잘 살고 싶지요
엄마 : 잘 산다는 게 어떤 거야? 네가 아빠 나이가 되었을 때, 어

떤 집에 살고 싶어?

진석 : 우리 아파트 정도에는 살고 싶어요.

엄마 : 차는?

진석 : 지금 우리 집처럼 두 대 있으면 좋겠어요.

엄마 : 아이는?

진석 : 아들과 딸, 두 명 있으면 좋겠어요.

엄마 : 그렇게 살려면 어떤 곳에서 일하고 싶어?

진석 : 음, …… 공부해야겠어요.

이때 진석이의 머릿속에는 조금 전의 두렵고 부정적인 상상과 스토리에서 긍정적이고 적극적인 행동을 이끄는 상상과 스토리로 전환이 일어난 것이다.

발전적이고 성장지향적인 사람은 긍정적인 스토리를 쓰는 사람이다. 부정적이고 두려운 스토리를 쓰는 사람은 어떤 행동을 회피하는 방향으로 행동하게 되고 이는 다시 부정적인 감정으로 되먹임된 후 자신의 부정적 효능감을 강화하게 된다.

긍정적인 상상과 스토리를 써야 한다. 인간의 뇌는 기본적으로 부정편향성(negative bias) 경향이 있다. 따라서 가만히 있으면 두렵고 화나고 불안한 것이 정상적인 메커니즘이다. 이때 순간적으로 긍정의 상태로 바꿀 수 있는 방법이 있다.

"원하는 것만 생각하고 원하는 것만 말하는 것이다."

● 인간은 누구나 자신이 옳다고 확신한다.

　인간의 뇌는 한 가지 원칙 '에너지를 적게 쓰는 방식'으로 작동한다. 습관을 만들어 기억함으로써 자동화한다. 자동화되면 에너지를 사용하지 않아도 되니까 말이다. 문을 열 때 오른손으로 열지, 타자를 할 때마다 'ㄱ'을 어느 손으로 칠지, 젓가락질을 어떻게 할지를 생각한다면 얼마나 많은 에너지를 낭비할지 생각해 보라.

　생각이나 감정에도 같은 원리가 적용된다. 뜨거운 냄비를 만졌을 때, 깜짝 놀라고 아픈 경험을 하면 나중에 똑같은 경험을 하지 않기 위해 '냄비는 뜨겁다.'는 사실과 '뜨거운 냄비는 무섭다.'는 감정을 저장해 둔다. 다음에 냄비를 보았을 때 무서운 감정을 떠올려 피할 수 있게 된다. 아이스크림을 먹었을 때 '맛있다'는 경험을 하면 '아이스크림은 맛있다.'는 사실과 '아이스크림을 먹으면 상쾌하다.'는 감정을 기억하고 다음에 그 기억을 필요할 때 끄집어낸다. 이러한 방식으로 동작하기 때문에 뇌가 기억하는 것은 언제나 자신에게는 진리이고 옳은 것이다. 옳다고 믿기 때문에 기억해 두었다가 다음에 유쾌한 감정에 접근하고 불쾌한 감정을 회피할 수 있다. 물론 모든 것은 주관적이다. 그러나 자신에게는 절대 진리이다. 자신이 옳다고 여겨 저장한 기억정보를 바탕으로 모든 경험을 해석하기 때문에 당연히 자신에게는 절대적으로 옳은 것이다. 백번을 생각해도 옳을 수밖에 …… 다양한 각도에서 상황을 조망하고 판단하는 그럴싸한 사람도 그러한 사고경험을 통해 기억된 사실과 감정이 만들어내는 '자동화된 사고 체계'의 하나이다.

　32세 현미 씨와 38세 철민 씨는 결혼을 하였다. 두 사람은 결혼 전에 상상하던 것과 너무나 차이가 난다고 투덜댄다. 막내로 자란 철민 씨는 결혼하면 현미 씨가 아침에 자신을 깨우고 정성스럽고 예쁘게 밥상을 차려줄 거라 기대했다. 또 청소와 설거지는 당연히 현미 씨의 몫이라 생각했다. 현미 씨는 나이 많은 남편이니 자신을 잘 돌보아주고 푸근하게 이해할 것이라 기대했었다. 그런데 결혼을 하고 보니 두 사람의 기대는 모두 엉터리였다. 현미 씨는 퇴근 후 피곤하다며 그냥 소파에 누워 잠들기가 일쑤이고 아침에는 늦잠을 자서 우유 한 잔으로 때우는 일이 비일비재하다. 철민 씨는 청소도 잘 하지 않고 식사도 잘 챙겨주지 않는 부인에게 불만을 토해내기가 일쑤이다. 결국 참다가 이 둘은 서로의 잘못을 지적하며 부부싸움을 하고 말았다.

현미 씨와 철민 씨 중 누가 옳은가?

고3 진석이는 축구를 무지 좋아한다. 성적은 엄마 기대에 못 미친다. 그러면서도 A대학에 갈 거라 큰소리를 친다. 진석이가 다니는 학교는 고3의 경우 토요일도 일요일도 학교에 간다. 그런데 진석이는 예외이다. 토요일 오전마다 축구를 한다. 1시까지 축구를 하고 점심을 먹고 나면 피곤하여 잠이 온다. 집에서 소파에 누워 1~2시간 잠을 자던지 겨우 학교에 가본들 졸다가 오기 일쑤이다. 엄마는 진석이 눈치를 보며 마음을 끓이다가 겨우 '축구는 수능 끝나고 하면 어떠니?'라고 한마디 한다. 진석이는 '저는 축구를 해야 스트레스가 풀려 공부할 수 있어요'라고 들은 척도 않는다. 이런 생활이 5개월 이상 지속되던 어느 날 더 이상 참을 수 없었던 엄마가 진석이에게 큰 소리를 내고 말았다.
'네가 그러고도 고3이냐?'
'고3은 인간도 아니에요?'

두 사람은 일주일 동안 눈도 마주치지 않았다.

진석이와 엄마의 생각 중 누가 옳은가?

인간은 누구나 자신의 생각이 옳다고 확신한다. 옳다고 생각하지 않았다면 생각을 수정하였을 것 아닌가? 앞에서 외부자극에 대해 선택적으로 입력을 하고 자신만의 스토리를 해석기가 열심히 쓴다고 하였다. 자신의 과거 경험을 통해 저장된 기억과 가치관, 욕구, 신념을 총동원하여 최상의 스토리를 쓴 것이니 틀릴 리가 없다. 백 번을 생각해 보아도 밤을 새워 생각을 해 보아도 결과는 마찬가지이다. 상대방의 입장에서 생각해 보려 아무리 애를 써 보아도 쉽지 않다. 왜냐하면 상대방의 내면에 저장된 것과 나의 것이 완전히 다르기 때문이다. 그냥 인정해야 한다. 누구나 자신의 생각이 옳다는 확신을 가지고 있다고. 그리고 모든 사람의 확신이 다를 뿐이라고. 뿐만 아니라 모든 사람의 행동에는 긍정적 의도가 있다고.

자신의 생각을 내려놓고 상대의 생각을 들어라

● 인간은 누구나 자신의 뜻대로 한다.

흔히 '엄마가 시키는 대로 했어요.' '~ 때문에 어쩔 수 없이 했어요.'라는 말을 한다. 얼핏 보면 자신은 그렇게 하고 싶지 않았지만 다른 사람의 뜻대로 그렇게 했다는 말로 들린다. 그러나 한 번 더 생각해 보면 자신이 하기 싫은 마음보다 상대와 관계를 유지하고 싶은 마음이 크기 때문에 자신이 선택한 것이다. 인간은 누구나 자신의 뜻대로 할 뿐이다.

중2 철수와 민수는 친구이다. 철수 엄마와 민수 엄마도 친구이다. 평소 철수 엄마와 민수 엄마는 자주 만나 아이들의 공부문제를 두고 대화를 나눈다. 이들이 사는 A 아파트는 대전에 있는 대덕연구단지에 다니는 사람들이 많이 모여 사는 곳으로 학구열이 높은 곳으로 소문이 나 있다. 그래서 철수 엄마와 민수 엄마는 동네에서 훌륭하다고 소문난 과외 선생님을 수소문 하여 수학, 과학, 영어를 함께 과외 공부를 시키기로 합의를 하였다. 각자 집에 가서 철수와 민수에게 이 사실을 말하였다.

철수는 '알았어요. 엄마가 하라면 할 게요.'라고 흔쾌히 말하였다.

그런데 민수는 '싫어요. 나는 철수와 함께 공부하는 것도 별로고, 내가 마음에 드는 친구와 과외 할래요.'라고 거부하였다.

철수와 민수는 누구의 뜻대로 행동하고 있는가? 철수는 엄마의 뜻대로, 민수는 자신의 뜻대로 행동한다고 생각하는가? 그렇지 않다. 철수도 민수도 모두 자신의 뜻대로 행동하고 있다. 철수는 엄마의 의견을 듣는 것이 자신에게 유리하다고 생각하거나 혹은 엄마 말을 거스를 자신이 없어서 그냥 따르기로 결정하였을 수 있다.

인간은 누구나 자신의 뜻대로 행동한다. 어릴 때에는 엄마가 입혀주는 대로 옷을 입고 읽으라는 책을 읽고 먹으라는 음식을 먹는다. 엄마 말을 듣기로 자신이 결정한 것이다. 그러나 빠른 경우 3~4세만 되어도 아이들은 '싫어요.' 하고 자신의 의견을 말한다. 엄마가 계속하여 강요를 한다면 엄마 말을 따르지 않을 자신이 없으면 마지못해 따르지만 자신이 있으면 끝까지 버티기를 한다.

직장에서도 마찬가지이다. '상사가 시키는 대로 했어요.' 물론, 상사가 의사결정을 했을 것이다. 그러나 상사가 의사결정을 했다고 무조건 따라야 하는가? 모든 것을 따르는가? 따르기로 결정한 것은 자신의 몫이다.

흔히 나이가 50이 넘으면 남편은 아내의 말을 잘 듣는다. 왜 그런가? 물리적인 힘으로 보아도 경제적인 능력으로 보아도 남편이 더 우위에 있는데 말이다. 이 또한 남편이 아내의 말을 들어주고 져주는 모양새를 취하는 것이 가정의 평화를 위해 더 유리하다고 판단하여 결정한 것이다.

인간은 절대적으로 자신의 뜻대로 행동한다. 조직의 리더는 자신이 원하는 것을 상대가 기꺼이 따르도록 하는 사람이다. 효과적으로 상대가 자신의 말을 따르도록 하는 것이 훌륭한 리더십일 것이다.

인간은 누구나 자신의 뜻대로 행동한다. 이 또한 소통과 인간관계가 어려운 이유 중 하나이다. 어느 수준까지는 상대를 배려할 수 있지만 어느 수준이라는 것이 모두 다르기 때문이다. 그리고 같은 내용이라 하더라도 강요로 받아들여지느냐 부탁으로 받아들여지느냐에 따라, 또 상대가 자신보다 힘의 우위에 있느냐 그렇지 않느냐에 따라 다르게 행동하기 때문이다.

성숙한 사람은 선택하고 책임지는 사람이다

● 인간은 이기적인 존재이다.

이기적(利己的)을 사전에서 찾아보면 '자신의 이익만을 꾀하는 것'으로 되어 있다. 이기적의 반대어 이타적(利他的)은 '자기의 이익보다는 다른 이의 이익을 더 꾀하는 것'이다. 그러나 인간이 근본적으로 자신의 이익을 버리고 다른 이의 이익을 순수하게 꾀하는 것이 가능할까?

인간은 철저하게 자신의 욕구에 따라 행동하는 존재이다. 다만 욕구가 자신만을 위한 것인지 다른 사람의 이익을 위한 것인지 차이가 있을 뿐이다. 선택이론을 창시한 임상심리학자 윌리엄 글레서에 의하면 인간의 욕구는 소속감의 욕구, 힘의 욕구, 즐거움의 욕구, 자유의 욕구, 생존의 욕구로 구분된다. 각 욕구를 충족할 수 있는 활동들은 다음과 같다.

· 생존의 욕구 : 건강, 휴가, 성, 음식, 온정
· 소속감의 욕구 : 소속, 사랑하기, 존경, 우정, 나눔, 협동
· 힘의 욕구 : 존재감 인식, 성공, 중요함, 성취, 기술
· 즐거움의 욕구 : 즐기기, 박장대소, 나눔, 배움, 변화
· 자유의 욕구 : 선택, 독립심, 주어진 자유, 선택한 자유

소속감의 욕구를 충족하는 나눔, 협동과 같은 행위, 즐거움의 욕구를 충족하는 나눔의 행위는 이기적인 것일까? 이타적인 것일까? 이것은 개인의 욕구이기 때문에 이기적인 것이라 할 수 있다. 다만 다른 사람에게 이로움을 끼치고 싶은 욕구이기 때문에 이타적으로 비추어지는 것이다.

인간에게는 이타를 실천할 수 있도록 하는 돌봄 체계가 있다. 돌봄 체계에는 동정, 연민, 자애적 사랑을 포함한다. 고통을 겪고 있

는 사람에 대한 걱정 어린 관심인 동정, 받아들이는 사람이 곤경에 처해있음을 강조하여 측은지심, 불쌍함을 느끼는 연민, 타인의 전반적인 안녕감을 높이기 위한 보살핌을 동기화시키는 자애적 사랑을 포함한다. 이러한 돌봄 체계와 관련된 체내 화학물질이 있는데, 옥시토신과 엔도르핀이다.

옥시토신은 애착관계와 성, 신뢰관계 형성과 관계가 깊다. 엄마 개 '달순이'를 다룬 TV 프로그램이 있었다. 엄마 개 달순이는 새끼를 낳자마자 새끼를 돌보지 않고 동네 수캐들과 만나러 돌아다니기만 하였다. 이를 안타깝게 여긴 주인이 새끼에게 분유를 먹이며 돌보다가, 금방 새끼를 낳은 다른 개 주위에서 태반에 있는 '옥시토신'이라는 호르몬을 모아 달순이의 새끼 개 주위에 뿌리자 달순이가 돌아와 새끼 개를 돌보는 내용이었다. 이 영상의 끝에 전문가가 달순이의 행동을 설명해 주었다. 달순이는 새끼를 낳았지만 옥시토신이라는 호르몬이 분비되지 않아 새끼를 돌보고 싶은 욕구가 아닌 자신의 즐거움의 욕구가 컸을 뿐이다.

엔도르핀이라는 신경전달 물질도 살펴볼 필요가 있다. 뇌과학의 발달로 어미 동물과 분리된 새끼들의 고통으로 인한 울음은 엔도르핀 신경전달물질의 급격한 감소와 관련된다는 것을 밝혀내었다. 사람에게서도 유사한 발견이 되었는데 사랑하는 사람을 잃어버리거나 헤어졌을 때 실제로 육체적인 고통과 비슷한 것을 경험한다는 것이다. 이것은 fMRI 측정 시 신체적 고통과 관련된 뇌 영역인 전측대상회가 사회적으로 거절당했을 경우 더 활성화 되는 것으로 밝혀졌다.

결국, 인간이 누군가를 돌보고 싶어 한다거나, 의미 있는 행동으로 기여하고 싶은 것, 아이를 돌보는 것 모두 개인의 욕구에 기반한 행위라는 것이다. 다만, 개인의 욕구가 타인에게도 유익한 욕구인지 타인의 행복을 침해하는 것인지의 차이가 있을 뿐이다.

● 인간은 의도를 말로 포장하여 전달한다 : 메시지 (message)와 의미(meaning)

말은 메시지와 의미로 구성되어 있다. 다음의 대화 메시지에 대하여 어떤 의미인지 자신의 생각을 나누어 보자.

메시지	의미
너는 너무 고집이 세.	
왜 그렇게 생각이 없니?	
자기밖에 모르는구나?	
아버지는 권위적이세요.	

메시지는 겉으로 드러나는 언어적, 비언어적 요소이다. 언어적 메시지는 "너는 너무 고집이 세."와 같이 문자 그대로이다. 비언어적인 메시지는 표정, 제스처, 목소리 등으로 객관적으로 관찰할 수 있는 요소들이다. 이에 반하여 의미는 그 말의 속뜻, 내면에서 요구하는 것, 필요, 감정, 생각 등이다. 실수가 없는 완전한 의미의 소통이란 말하는 사람의 의미를 듣는 사람이 그대로 받아들일 수 있는 것이다. 그러나 많은 경우, 의미를 생각하지 않고 메시지를 듣는 사람이 자신의 의미로 다시 해석하는 과정에서 오류가 발생하게 된다. 쉽게 말하자면 의미란 '말하는 사람이 진짜 원하는 것' 정도로

생각할 수 있다. 위의 사례에서 의미를 생각해 보면 다음과 같을 것이다.

메시지	의미
너는 너무 고집이 세.	"다른 사람의 의견도 잘 들어주면 좋겠어."
왜 그렇게 생각이 없니?	"안전하게, 신중하게 행동하면 좋겠어."
자기밖에 모르는구나?	"다른 사람들도 배려하면 좋겠어."
아버지는 권위적이세요.	"좀 더 부드럽게 대해 주시면 좋겠어요."

어떤가? 메시지만 본다면 충분히 열 받을 상황이지만, 의미를 듣고 나면, 전혀 달라지지 않는가? 메시지를 그릇이라 한다면 의미는 그 안에 담긴 내용물이라 할 수 있다.

네이버 사전은 소통(communication, 疏通)을 아래와 같이 정의한다.

1. 막히지 아니하고 잘 통함.
2. 뜻이 서로 통하여 오해가 없음.

여기서 뜻이 서로 통하여 오해가 없다는 것은 그릇에 해당하는 메시지가 아니라 그 안에 담긴 내용물 즉, 감정, 의도, 생각일 것이다.

[메시지와 의미]

　동료가 자신의 사무실에 초대를 하여 갔는데 책상 위에 종이컵 두 개가 놓여있다. 종이컵이 중요한가? 그 안의 내용물인 커피나 음료수가 중요한가? 서로 절친한 사이 혹은 알아주는 사람이라는 것은 메시지 안에 포장된 의미를 파악할 수 있는 사람일 것이다.

　서양에서 강조되고 있는 '나 중심 (I-message)' 의사소통이 한국에서 제대로 작동하는 데는 너무나도 많은 장벽과 한계가 있다. 한국 사람의 한마디에는 엄청나게 많은 것들이 감추어져 있어 심지어 자신도 '내가 지금 무슨 말을 하는가?' '내가 지금 무슨 생각을 하는가?'를 정확히 알기 어렵게 된다. 다음 그림은 김영애 가족치료 연구소에서 제시한 빙산의사소통이다.

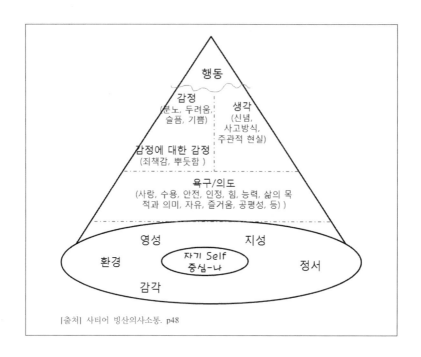

[출처] 사티어 빙산의사소통. p48

　　인간은 언어를 도구로 사고를 하고 사고한 결과를 언어로 표현한다. 어떤 언어학자는 생각을 '내적 언어'라 하기도 하였다. 사고는 자신을 둘러싼 환경, 감각기관, 정서, 지성을 기초로 하여 욕구와 의도, 감정과 생각을 조합하여 표현되는 행동이다. 이렇게 복잡한 내면의 요소를 한두 마디의 말로 표현하고 상대에게 전달하는 과정이니 진정한 의사소통이 어려운 것은 당연한 일이다.

포장된 메시지가 아니라 의미를 들어라

3장.

4단계 대화법

인간의 문제는 대부분 관계의 문제이고 관계의 문제는 소통의 문제이다. 소통의 문제는 감정의 문제이다. 인간관계의 문제는 감정의 문제로 귀결된다. 좋아 죽겠다는 사람도 싫어 죽겠다는 사람도 모두 감정의 문제가 아닌가? 흔히 결혼하기 전에는 그 사람이 없으면 못살 만큼 좋아하다가 결혼해서 살다보면 그 사람 때문에 못살겠다고 할 만큼 미워지기도 한다. 인간을 분노하게 하는 것도, 한을 심어주는 것도 모두 인간의 말이고 그러한 분노와 한을 녹여내는 치료도 인간의 말로 가능한 것이다. 말은 분명히 굉장한 힘을 가지고 있다. 인간에게 좋건 싫건 감정을 만들어 내는 것도 결국에는 인간의 말이다. 자식에게 상처를 주는 것도 부모의 말이요, 자식에게 무한한 힘을 심어주는 것도 부모의 말이다. 학생에게 자신감을 상실하게 하고 '너는 나쁜 사람이다.'라고 낙인을 찍는 것이 선생님의 말이며, '너는 무한한 가능성이 있어.'라는 한 마디 말로 학생의 인생을 바꿀 수 있는 것도 선생님의 말이다.

제1부에서 나와 나의 관계-자존감을 형성하는 것도 대부분 중요한 사람과의 상호작용의 결과이다. 더 중요한 것은 자신과의 대화인 생각이다. 소통이 어려운 이유도 좌뇌 해석기의 작동에 의해 계속해서 스스로 쓰는 스토리이며 좋은 스토리를 쓰는 것이 중요하다고 한 것처럼 말은 무한대의 힘을 가진다.

제2부 나와 너의 관계-상호존중의 관계를 형성하는 것도 상대를 제대로 배려한 말의 결과이다. 말은 너무나도 중요하고 힘을 갖지만 진정으로 소통할 수 있는 대화는 어렵다.

앞에서 설명한 것처럼 한마디의 말 아래에 의도와 감정, 욕구, 신념과 같은 빙산이 꽁꽁 숨어있기 때문이다. 이 빙산은 무의식에 갇혀있어 자신도 성의를 가지고 깊이 있게 관찰해야 의식화하여 언어로 표현할 수 있다. 일치적 의사소통이 가능하다는 말이다. 많은 경우, 자신의 무의식을 들여다보지 않고 입에서 흘러나오는 말을 뱉어 버리듯 하여 자신의 말이 의도나 욕구와 전혀 일치하지 않는 비일치적 말을 하기가 쉽다. 그리고 본인도 인식하지 못한다.

이 책은 나와 나의 관계를 좋게 하여 자존감을 갖고 나와 너의 상호존중 관계를 맺고 살기 위하여 진정성 있는 대화법을 익혀 일상에서 적용하기 위한 것이다.

소통이 일어나는 진정성 있는 대화법은 첫째, 일치적 대화여야 한다. 자신의 무의식에서 꿈틀대는 가치와 욕구, 신념, 감정의 실체를 파악한 후 정확한 언어로 표현하는 것이다. 둘째, 사실과 감정을 분리하여 상대로 하여금 불필요한 감정 부풀리기나 스토리를 쓰지 않도록 하는 것이다. 셋째, 상대방을 비난하지 않으면서 나의 이야기를 다 하는 것이다. 넷째, 상대방 이야기에서 비난이나 공격을 듣지 않고 욕구와 감정, 생각을 듣는 것이다.

인류 역사가 시작된 이래, 인간의식은 힘의 논리가 작용되어 왔다. 의식적이건 무의식적이건 지배하는 자와 지배받는 자로 구분하고 언어를 통하여 일상 속에서 지배해 왔다. 힘 있는 사람은 힘없는 자의 행동에 대해 평가를 하고 존재를 규정하고 행동을 지시하면서 자신의 우월성을 획득하고 확인해 왔다. 힘없는 사람은 저항하거나 순종하는 형태의 상호작용을 해 왔다. 이러한 대화양식은 시간이 지나면 누군가를 소외시키고 갈등과 분열, 저항과 경쟁으로 이끌어가게 된다. 아버지로부터 존재를 규정하는 언어 즉, 판단, 평가, 진단, 분석을 늘 들어온 아이가 아버지가 되면 같은 방식을 자신의 아이에게 적용하게 된다. 언어의 대물림이 되는 것이다.

그러나 평화롭고도 서로 존중하는 대화방식도 분명히 있다. 대화를 나눌수록 서로를 깊이 이해하게 되고 서로 협력과 조화를 하게 되고 삶이 풍요롭게 되는 대화방식이다. 그것은 상대의 행동에 대해 자신의 해석기로 해석한 결과를 전달하는 것이 아니라 상대의 의사소통 빙산 아래 숨어있는 가치와 감정, 욕구와 신념, 의도를 이해하고 읽어주는 대화방식이다.

대화는 **진솔한 말하기**와 **공감적 듣기**의 두 가지 요소로 구성된다. 비폭력대화는 마샬 로젠버그 박사가 개발한 4단계 대화법이다. 처음에는 4단계를 단계별로 이해해 보고, 익숙해지면 자신에게 맞는 단계를 활용하면 된다. 대화의 4단계에 대하여 알아보도록 하자.

객관적 상황	1단계 : 관찰 -평가와 구별	느낌을 일으킨 행동, 사건을 있는 그대로 보기 "내가 _____을 보았을 때, 들었을 때, 상상했을 때"	외부
자신의 마음	2단계 : 느낌/감정 -생각과 구별	우리 몸과 마음에서 일어나는 느낌, 감정 반응 "나는 _____을 느낀다"	내부
	3단계 : 욕구/필요 -수단/방법과 구별	느낌/감정 아래에 있는 욕구 "왜냐하면, 나는 _____이 필요/중요/원하기 때문에"	내부
자신의 요청	4단계 : 부탁 -강요와 구별	구체적, 긍정적, 의문형으로 "내가 필요한 것은/원하는 것은/바라는 것은 __야" - 연결부탁 : "이 말을 들으니 어떤 생각이 드니?" - 행동부탁 : "_____을 해 줄 수 있겠니?"	

[대화 4단계]

1. 1단계 : 평가나 판단하지 않고 관찰하기

인간의 최고 知性은 평가하지 않으면서 관찰하는 것이다.

- 지두 크리슈나무르티

깨어있는 시간 동안 인간은 수시로 판단을 한다. 사람이나 사물,
자연을 대할 때에도 쉴 새 없이 판단한다. 좋다. 싫다. 나쁘다. 이러
한 판단을 바탕으로 유쾌해 보이는 것에 접근하고 불쾌해 보이는
것에는 회피하는 전략을 사용하기 때문이다. 자신이 인지하지도 못
한 채 끊임없이 계속되는 자동화된 판단시스템 덕분에 뇌는 에너지
를 효율적으로 사용할 수 있다. 그리고 자신의 판단 결과는 자신에
게는 절대 진리이며 동시에 상대에게는 심리적 경계선을 침범해 오
는 공격으로 혹은 억울함으로 느껴질 수 있다. 그래서 인도의 성인
크리슈나무르티는 평가하지 않고 관찰할 수 있는 것이 최고의 지성
이라 하였다.

모든 것은 관찰로부터 시작된다. 인간은 세상사건에 대해 극히 일부만 선택적으로 보고 듣고 냄새를 맡고 촉감을 느낀다. 습관적인 행동으로는 내가 보고 싶은 것만 보고, 듣고 싶은 것만 듣게 된다. 대화는 상대의 내면세계와 자신의 내면세계를 연결하는 행위이다. 상대의 말이나 행동으로 드러나는 내면세계를 자신의 오감으로 받아들인 뒤 해석기로 해석하여 표현하는 과정 중 여러 단계에서 오류가 생기게 된다. 자신의 생각과 판단을 내려놓고 정성스럽게 관찰해야 한다. 관찰은 추상적인 평가가 아닌 구체적인 행동을 말한다. 평가나 판단은 말하는 사람의 감정을 부풀게 하고 듣는 사람에게는 저항감을 불러일으킨다. 뿐만 아니라 존재를 규정하는 언어이며 자주 폭력성을 가진다. 듣는 사람의 마음에 걸림돌이 되는 것은 모두 폭력성이다.

관찰이란 판단이나 평가를 하지 않고, 있는 그대로 보고, 들리는 그대로 듣는 것을 말한다. 즉, 판단, 평가, 생각, 분석, 해석, 추측, 선입관 등을 섞지 않고, 있는 그대로의 사실을 표현하는 것으로, 내가 본 것을 사진 찍듯이 말하고, 내가 들은 것을 녹음하듯이 그대로 표현하는 것이다. 우리가 누군가에게 말을 할 때 관찰과 평가를 섞으면 상대가 이를 비판으로 듣고, 그 사람의 말에 저항감을 느끼고 변명을 하려하거나 반격할 준비를 하는데 에너지를 쓰게 된다. 우리의 삶 속에서 타인이나 자신에 대해서 수없이 평가를 반복하고 있고, 그것은 비난으로 이어지기 쉽다.

초등학생 6학년 유빈이와 수정이는 화가 났다. 같은 반 남자친구인 철수와 싸웠기 때문이다. 엄마가 집에 들어오자마자 유빈이와 수정이는 철수와의 일을 이야기한다.

"엄마 철수는 정말 나쁜 녀석이에요."

"왜?"

"아 글쎄, 우리가 놀고 있는데, 괜히 찝쩍대잖아요. 재수 없이. 그러다가는 또 괜히 우리한테 화를 내고 모래를 던지고 갔어요. 정말 나빠요."

"그랬어?"

위의 대화를 철수가 듣는다면 억울하거나 분노하지 않고 동의할 수 있을까? 위의 대화에서 철수를 자극하는 것은 어느 부분일까?

나쁜 녀석. 찝쩍댄다. 재수 없이. 괜히 화를 내고.

이런 말일 것이다. 왜냐하면 이런 단어는 유빈이의 주관적인 평가이며, 철수는 자신의 평가가 또 있기 때문이다. 유빈이는 철수의 다음과 같은 행동을 평가한 것이 아닐까?

철수가 지나가는데 같은 반 여자 친구인 유빈이와 수정이가 둘이서 공원 의자에 앉아 심각하게 대화를 하고 있었다. 그래서 혹시 싸우는 것이 아닌가 하고 궁금하여 가까이 다가가 보니 싸우는 것이 아니었다. 그래서 그냥 지나가려는데, 유빈이가 "왜~~~?"라고 시비조로 물었다. 이 말에 민망하기도 하고 당황하기도 하여 "나는 이 길로 못 지나 가냐?"라고 대꾸를 했다. 이런 대화가 이어지다가 철수는 이 상황을 급히 벗어나려고 뛰어가는데 모래가 일었던 것이다.

사실 이런 대화는 남녀노소를 막론하고 쉽게 관찰될 수 있는 것이다. 이때 평가나 판단을 쏙 빼내고, 관찰을 한다면 서로의 감정을 자극하는 상황이 훨씬 줄어들 것이다.

관찰은 있는 그대로의 자극, 사실에 대한 객관적인 묘사로 평가와 판단과 구별할 수 있다. 이것은 단순히 객관적인 것과는 다르며 자신의 감각적 경험 즉, 눈으로 본 것, 귀로 들은 것, 피부로 느낀 것을 그대로 묘사하는 것이다.

다음의 대화에서 평가인지, 관찰인지 구분해 보자.

- **그 사람은 교만해**

  Q. 평가인가? 관찰인가?
  평가이다. 이것을 관찰로 바꾸려면, 이렇게 평가하게 된 계기, 즉 관찰한 사실을 말해야 한다.
  관찰 예) 내가 말을 하고 있는데, 그 사람이 "그걸 말이라고 하는 거야?"라고 하였다.

- **내가 인사를 했는데, 그냥 지나가 버렸어. (관찰)**

  인사를 했는데, 왜 그냥 지나갔을까? 그 이유가 무엇일지 상상해 보자.

- **우리 아빠는 나를 무시해.**

  Q. 평가인가? 관찰인가? 만약 평가라면 관찰로 바꾸어 보자.
  A. 평가이다.
  관찰 예) 내가 아빠에게 스마트폰을 사달라고 하자, 아빠는 '됐어'라고 하였다.

아래 10개의 문장을 통해 판단, 평가인지 관찰인지 체크해 보고 다음 페이지에서 체크한 것을 확인해 보라

✎ 실습해 보기

	다음 문장을 읽고 평가/판단인지 관찰인지 구분해 보자.	평가? 관찰?
1	진석이는 아빠와 대화를 하는 동안 손톱을 깨물고 있었다.	
2	당신은 너무 말을 함부로 해.	
3	가족여행을 정하는 동안 부모님이 내 의견을 묻지 않았다.	
4	그 사람은 정말 마음이 너그러워.	
5	선생님이 나를 못마땅하게 여기는 것 같아.	
6	사람들이 모두 나를 싫어한다.	
7	남자친구는 좀처럼 애정 표현이 없다.	
8	그건 교수답지 않은 행동이다.	
9	우리 엄마는 음식을 하다가 칼에 손을 베여 피가 났다.	
10	너는 훌륭한 학생이야.	

	다음 문장을 읽고 평가/판단인지 관찰인지 구분해 보자.	평가? 관찰?
1	진석이는 아빠와 대화를 하는 동안 손톱을 깨물고 있었다.	관찰
2	당신은 너무 말을 함부로 해. **[관찰]** 당신은 나에게 '여편네가 살림도 못하고'라고 하였어.	평가
3	가족여행을 정하는 동안 부모님이 내 의견을 묻지 않았다.	관찰
4	그 사람은 정말 마음이 너그러워. **[관찰]** 내가 일을 잘 못했는데, 웃으면서 직접 수정하셨어.	평가
5	선생님이 나를 못마땅하게 여기는 것 같아. **[관찰]** 내가 5분 늦게 들어갔는데 눈을 크게 뜨고 입을 꼭 다물고 3분간 지켜보셨어.	평가
6	사람들이 모두 나를 싫어한다. **[관찰]** 내가 농담을 하였는데 3번이나 사람들은 아무런 반응을 보이지 않았어.	평가
7	남자친구는 좀처럼 애정 표현이 없다. **[관찰]** 내 남자친구는 나에게 '사랑해'라는 말을 한 번도 하지 않았다.	평가
8	그건 교수답지 않은 행동이다. **[관찰]** 교수님은 사전에 말도 없이 수업에 5번이나 지각을 하셨어.	평가
9	우리 엄마는 음식을 하다가 칼에 손을 베어 피가 났다.	관찰
10	너는 훌륭한 학생이야. **[관찰]** 너는 성적도 3번 연속 3등 이내 들었고, 숙제도 하지 않은 적이 없어	평가

사람을 생긴 그대로 사랑하기가

얼마나 어려운지를

세상을 있는 그대로 보기가

얼마나 어려운지를

이제야 조금은 알겠다.

평화는 상대방이 내 뜻대로 되길

바라는 마음을 그만둘 때이며

행복은 그러한 마음이 위로받을 때이며

기쁨은 비워진 두 마음이 부딪힐 때이다.

황대권, <야생초 편지> 중에서

2. 2단계 : 생각이 아닌 느낌을 전달하기

"성숙한 사람은 감정의 여러 가지 미묘한 차이를 마치 교향곡의 여러 가지 음처럼, 강하고 정열적인 것부터 섬세하고 예민한 느낌까지 모두 구별할 능력이 있다."

미국 정신분석학자, 철학자 롤로메이

관찰을 하면 느낌·감정이 일어난다. 눈으로 무엇을 보았을 때, 귀로 들었을 때, 코로 냄새를 맡거나 손으로 만지면 느낌·감정이 일어난다. 그러나 모든 경우에 느낌·감정이 생기지는 않는다. 자신의 현재 욕구와 관련된 것이 관찰되면 느낌·감정이 일어나지만 욕구와 무관한 것은 생기지 않는다. 사랑하는 사람이 멀리서 걸어오는 것을 보면 설레지만, 모르는 사람들이 지나가면 아무런 느낌·감정이 생기지 않는다. 그러나 모르는 사람들이 너무 많이 지나가 자신의 정신을 산만하게 하면 느낌·감정이 생긴다. 그러나 대부분의 경우 자신의 내면세계(욕구, 가치, 의도, 신념)에 따라 세상을 보기 때문에 자신에게 강하게 관찰된 것에 대해서 거의 느낌·감정이 일어나기 마련이다.

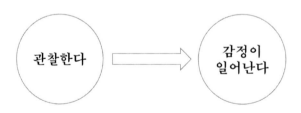

관찰과 느낌·감정이 일어나는 순간적인 시간에 좌뇌의 해석

기가 작동을 하는데 이것은 습관화되어 거의 자동적이다. 자신이 싫어하는 사람이 웃지도 않으면서 자신을 향해 걸어오면 즉시로 '나에게 불쾌한 일이 생길거야.'라는 해석을 하고 이것은 두려움이나 불안이라는 느낌·감정으로 일어난다. 반대로 자신이 좋아하는 사람이 멀리서 자신을 향해 걸어오면 '나에게 기분 좋은 일이 생긴다.'고 해석을 하여 설렘이나 기대와 같은 느낌·감정으로 일어난다.

느낌·감정이란, 관찰한 것에 대해서 내가 어떻게 반응하려고 하는지 명료하게 알고 표현할 수 있는 통로역할을 한다. 느낌·감정을 안다는 것은 내 마음의 상태를 아는 것이고, 내 마음의 상태를 안다는 것은 나를 지킬 수 있는 힘이 되기 때문이다. 느낌·감정은 내 마음의 신호등이다. 느낌·감정을 잘 알고 표현할 수 있으면 생각에 사로 잡혀 자신이나 타인을 괴롭히는 일이 없어진다.

생각이란, 느낌·감정보다 먼저 나의 뇌 속에 자리 잡고 있던 가치관, 정보, 기억들과 현재의 상황을 연결한 지극히 나의 주관적인 개념이다. 그래서 아무리 객관적이려 하여도 과거에 있었던 다른 일들과 연결이 되면서 섞여 상황이 복잡해지고 자신도 모르는 사이에 자꾸 한쪽으로 끌려가게 된다.

느낌・감정은 현재에 집중하는 것이고,
생각이란 과거와 현재의 정보를 연합한 것이다.

우리는 과거의 정보와 현재를 연결하는 순간, 행복하기보다는 불행해지고 불쾌한 감정에 휩싸이게 된다.

중3 철수가 경찰서에 있다고 전화를 받고, 경찰서에 갔더니 경찰관 앞에 일렬로 앉아있는 아이들 가운데 철수가 있었다. 친구를 집단으로 때리다가 잡혀 왔단다.

철수네 학교는 지난주에 2박 3일로 학생 수련회를 다녀왔다. 수련회에서 그 학교 일진에 속해 있는 민수라는 아이가 반 아이들에게 '술을 마셔라.' '가방을 들어라.' '담배를 피워 봐라.'하며 협박과 강요를 했단다.

며칠 후 화장실에서 철수와 친구들이 민수와 마주쳤고, 서로 말로 실랑이를 하다가 집단으로 때리게 되었단다.

다음날 민수 삼촌이 교장실로 찾아와 조폭들 운운하며 신고를 한 것이었다.

Q. 철수의 느낌은?

짜증, 화, 억울함, 분노, 미움

Q. 철수의 생각은?

저런 녀석은 따끔하게 맛을 보여줘야 해, 야비한 녀석이야.

Q. 나의 관찰과 느낌은?

아들이 친구를 때려서 경찰서에 있다는 전화를 받았을 때
(관찰),

나는 짜증나고, 황당하고, 놀랍고, 걱정되었다. (느낌)

느낌을 표현하는 것과 표현하지 않는 것에는 엄청난 차이가 있다. 느낌을 표현하지 않는 것이 습관화 되었을 때, 혹독한 대가를 치르게 될 수도 있다. 특히 부모와 자녀 간에 대화를 하다보면 부모는 순간순간 아이의 예기치 못한 태도나 반응에 마음이 상하는 경우가 있다. 자녀와의 관계에서 예상치 못한 상황을 맞이했을 때, 자신의 감정이 예민하게 반응할 때 자신의 느낌·감정에 집중하여 표현할 수 있다면 아이를 비난하거나 비판하지 않을 수 있다.

마찬가지로 자녀도, 부모님이 가치관과 생각을 강요하는 듯하고, 자신의 생각과 행동 심지어 감정까지도 통제하려고 한다는 생각이 들 때, 분노와 억울한 감정에 사로잡히게 된다.

대학생인 자녀와 엄마가 성적표를 놓고 대화를 하다가 공부 잘하는 사촌과 비교하는 말에 자극을 받고서 "에이 씨이~"하며 자기 방문을 쾅 닫고 자기 방으로 들어갔다.

"어디서 배워먹은 버릇이야? 내가 너 그렇게 가르쳤어? 너 조금 컸다고 엄마를 무시하는 거야?"

이 대화에서

Q. 자녀가 엄마의 흥분한 감정을 이해할 수 있을까? 자신의 행동에 대해 미안하게 생각할까?

Q. 자녀가 드는 생각이나 느낌은?

"엄마랑 얘기하다가 화를 내면서 문을 쾅 닫고 들어가니, 엄마는 당황스럽고 슬프다."

이런 대화에서

Q. 자녀가 드는 생각이나 느낌은?

느낌에 초점을 맞추면 말하는 사람이 감정을 조절하는 능력을 갖게 되고 듣는 사람도 자신의 느낌을 들여다 볼 수 있게 된다.

✎ 실습해 보기

	다음 문장을 읽고 느낌/감정인지 생각인지 구분해 보자.	느낌? 생각?
1	난 내가 대학생 엄마로 부족하다고 느껴져.	
2	나는 내가 한심한 대학생이라고 느껴져.	
3	세상에서 가족이 가장 소중한 존재인 것 같아.	
4	미래에 내가 좋은 직장을 잡을 수 있을지 걱정이 돼.	
5	난 이럴 때 결단력이 부족하다고 느껴져.	
6	네가 나를 사랑하지 않는 것처럼 느껴져.	
7	너를 한 대 때려 주고 싶은 느낌이다.	
8	나는 아무 소용이 없는 인간처럼 느껴져.	
9	내 제안에 아무도 반응을 보이지 않았을 때 무시당한 느낌이다.	
10	네가 무슨 일로 괴로워하는지 나한테 이야기해 줘서 고맙다.	

	다음 문장을 읽고 느낌/감정인지 생각인지 구분해 보자.	느낌? 생각?
1	난 내가 대학생 엄마로 부족하다고 느껴져. [느낌/감정] 서글픔, 미안함, 자괴감	생각
2	나는 내가 한심한 대학생이라고 느껴져. [느낌/감정] 답답함, 무력감, 슬픔, 죄책감	생각
3	세상에서 가족이 가장 소중한 존재인 것 같아. [느낌/감정] 기쁨, 든든함	생각
4	미래에 내가 좋은 직장을 잡을 수 있을지 걱정이 돼. [느낌/감정] 걱정, 염려, 두려움	느낌
5	난 이럴 때 결단력이 부족하다고 느껴져. [느낌/감정] 죄책감, 자괴감	생각
6	네가 나를 사랑하지 않는 것처럼 느껴져. [느낌/감정] 섭섭함, 외로움, 그리움	생각
7	너를 한 대 때려 주고 싶은 느낌이다. [느낌/감정] 얄미움, 괘씸함	생각
8	나는 아무 소용이 없는 인간처럼 느껴져. [느낌/감정] 서글픔, 무기력함, 슬픔, 상실감	생각
9	내 제안에 아무도 반응을 보이지 않았을 때 무시당한 느낌이다. [느낌/감정] 민망함, 섭섭함, 창피함	생각
10	네가 무슨 일로 괴로워하는지 나한테 이야기해 줘서 고맙다.	느낌

느낌 같지만 느낌이 아닌 표현들도 있다. 이것은 상대방을 가해자로 만들어 상대를 억울하게 하는 표현들이다. 상대를 가해자로 만들고 자신을 피해자로 여겨 동정을 받거나 책임에 대하여 면해보려는 표현들이다.

강요당한, 거절당한, 공격당한, 궁지에 몰린, 따돌림 당하는, 배신당한, 버림받은, 오해받은, 위협당하는, 이용당하는, 인정받지 못하는, 조종당하는, 학대받은, 협박당하는, 의심받는, 무시당한

인간의 느낌·감정은 결과이며 그 원인은 욕구이다. 인간의 욕구

를 다양하게 분류해 볼 수 있는데, 여기에서는 생리적 욕구, 자율성의 욕구, 유능성의 욕구, 타인과 친밀함의 욕구로 구분하였다. 이러한 욕구가 충족되었을 때 즐겁고 행복하고 유쾌한 종류의 느낌·감정이 느껴지지만 반대로 욕구가 충족되지 못하여 결핍을 느낀다면 화나고 억울하고 불안하고 불쾌한 종류의 느낌·감정이 생기게 된다. 따라서 느낌·감정을 잘 읽어주고 돌보아주면 자신이 진짜 원하는 것을 알게 되고 정신적으로 건강한 생활을 할 수 있게 된다.

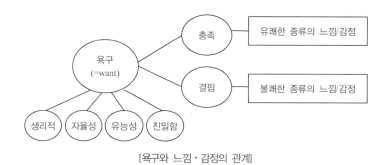

[욕구와 느낌·감정의 관계]

예를 들어 보자. 사랑, 꿈, 자유로움 등은 모든 인간이 누리고 싶어 하는 공통된 욕구이다. 이러한 욕구가 충족되었을 때 행복, 성취, 해방감, 차분함 등의 긍정적인 감정이 생성되지만 욕구가 불충족되면 허망함, 불안감, 슬픔 등의 부정적인 감정이 생성된다. 느낌·감정은 마음의 신호등이라 할 수 있다.

인간의 모든 느낌, 감정, 말, 행동의 아래에는 충족하고자 하는 욕구가 있다. 그리고 충족하고자 하는 욕구는 모두 긍정적이고 선한 의도일 것이다.

인간의 긍정성을 믿는다는 것은 긍정적인 의도 자체를 믿는 것이다. 긍정적인 의도를 가졌음에도 불구하고 방법이 틀렸거나 결과에 대한 잘못된 예측으로 좋지 않은 행동으로 연결되는 것은 또 다른 문제이다. 자신의 긍정적 의도를 신뢰하고, 인지하여 욕구를 충족하고자 하는 방향으로 행동한다면 자신도 훨씬 평안할 뿐 아니라 이웃에게도 긍정적 영향을 끼칠 수 있을 것이다.

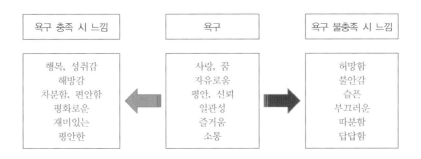

욕구 충족 시 느낌	욕구	욕구 불충족 시 느낌
행복, 성취감 해방감 차분함, 편안함 평화로운 재미있는 평안한	사랑, 꿈 자유로움 평안, 신뢰 일관성 즐거움 소통	허망함 불안감 슬픈 부끄러운 따분함 답답함

　　욕구가 원인이고 느낌·감정은 결과이며 자신이 내적 상태를 감지할 수 있는 최초의 신호이기 때문에, 느낌·감정이 올라올 때 불쾌인지 유쾌인지 구분하고 "내가 슬프구나." "~~~가 결핍되었기 때문이야."라고 스스로 공감해 주는 것이 좋겠다.

　　상담자에게 가장 핵심적인 기술로 공감적 경청을 말한다. 공감적 경청이란 상대의 감정을 인지하여 언어로 표현해 주는 기술이다. 그런데 강의현장에 가서 보면 특히 남성의 경우, 자신의 감정 표현을 '좋다', '나쁘다'의 두 가지로만 표현하는 경우가 허다하다. 자신의 감정을 정확하게 표현하지 못하는데 상대의 감정에 대해 섬세하게 인지하여 언어로 표현한다는 것은 불가능한 일일 것이다. 직장생활에서도 직원들이 어려움을 토로할 때 상사들이 '누구나 다 그렇게 직장 생활하는 거야.' '나도 다 그런 과정 거쳤어.' 등의 감정 자르기식의 표현을 하는 것은 공감능력이 부족해서이다. 자녀학대, 부부간의 극한 갈등, 묻지 마 살인 등 많은 사회문제 또한 공감능력의 부족이라 할 수 있다. 감정표현을 다양하게 익혀 적절하게 표현하는 것만으로도 삶을 풍요롭게 할 수 있다. 마치 흑과 백, 두 가지 색상만 구분할 수 있는 사람과 수십 가지의 색상을 구분할 줄 아는 사람이 누리는 풍요로움의 차이와 같다. 다음의 감정 표현을 이용하여 하루에도 수만 가지 생성되었다 소멸되는 감정에 대하여 정밀한 표현을 익혀 생활화 해보자.

욕구가 충족되었을 때	욕구가 충족되지 않았을 때
· **감동받은**, 뭉클한, 감격스런, 벅찬, 환희에 찬, 황홀한, 충만한 · **고마운**, 감사한 · 즐거운, 유쾌한, 통쾌한, 흔쾌한, 기쁜, 행복한, 반가운 · **따뜻한**, 감미로운, 포근한, 푸근한, 사랑하는, 정을 느끼는, 친근한, 훈훈한, 정겨운 · **뿌듯한**, 산뜻한, 만족스런, 상쾌한, 흡족한, 개운한, 후련한, 든든한, 흐뭇한, 홀가분한 · **편안한**, 느긋한, 담담한, 친밀한, 친근한, 긴장이 풀리는, 안심이 되는, 차분한, 가벼운 · **평화로운**, 누그러지는, 고요한, 여유로운, 진정되는, 잠잠해진, 평온한 · **흥미로운**, 매혹된, 재미있는, 끌리는 · **활기찬**, 짜릿한, 신나는, 용기 나는, 기력이 넘치는, 기운이 나는, 당당한, 살아있는, 생기가 도는, 원기가 왕성한, 자신감 있는, 힘이 솟는 · **흥분된**, 두근거리는, 기대에 부푼, 들뜬, 희망에 찬	· **걱정되는**, 까마득한, 암담한, 염려되는, 근심하는, 신경 쓰이는, 뒤숭숭한 · **무서운**, 섬뜩한, 오싹한, 주눅 든, 겁나는, 두려운, 간담이 서늘해지는, 진땀나는 · **불안한**, 조바심 나는, 긴장한, 떨리는, 안절부절못한, 조마조마한, 초조한 · **불편한**, 거북한, 겸연쩍은, 곤혹스러운, 언짢은, 괴로운, 난처한, 멋쩍은, 쑥스러운, 답답한, 갑갑한, 서먹한, 숨 막히는, 어색한, 찝찝한 · **슬픈**, 가슴이 찢어지는, 구슬픈, 그리운, 눈물겨운, 목이 메는, 서글픈, 서러운, 쓰라린, 울적한, 참담한, 처참한, 안타까운, 한스러운, 마음이 아픈, 비참한, 처연한 · **서운한**, 애석한, 냉담한, 섭섭한, 야속한, 낙담한 · **외로운**, 고독한, 공허한, 적적한, 허전한, 허탈한, 막막한, 쓸쓸한 · **우울한**, 무력한, 무기력한, 침울한 · **피곤한**, 고단한, 노곤한, 따분한, 지긋지긋한, 귀찮은, 무감각한, 지겨운, 지루한, 지친, 절망스러운, 좌절한, 힘든, 성가신, 심심한 · **혐오스런**, 질린, 정떨어지는 · **혼란스러운**, 멍한, 창피한, 놀란, 민망한, 당혹스런, 무안한, 부끄러운 · **화가 나는**, 끓어오르는, 속상한, 약 오르는, 분한, 울화가 치미는, 핏대서는, 분개한, 억울한,

3. 3단계 : 수단·방법이 아닌 욕구를 확인하라

다음 물음에 대답해 보자.

Q. 내게 갑자기 1천만 원이 생긴다면 무엇을 하겠는가?

욕구는 느낌·감정의 근원이다. 어떤 사건이나 상황 때문에, 혹은 어떤 사람 때문에 느낌·감정이 올라오는 것이 아니다. 사건이나 상황, 사람이 어떤 느낌을 느끼게 해 주는 자극은 될 수 있어도 느낌·감정의 직접적 원인은 아니다.

내가 무엇을 원하고 필요로 하는지, 어떤 것을 중요하게 생각하는지 나의 욕구를 명확하게 알고 싶다면, 느낌·감정을 잘 살피면서 그 느낌의 근원을 이해하려고 노력해야 한다.

대부분 느낌·감정의 근원이라고 생각하는 것들이 사실은 자극물에 불과하다. 자극물에 대한 자신의 평가가 결과로 드러나는 것이 느낌이 된다.

위의 질문에 대하여 다시 생각해 보자.

Q. 내게 갑자기 1천만 원이 생긴다면 무엇을 하겠는가?

응답	느낌	충족하고 싶은 욕구
여행을 하겠다.	자유로움, 즐거움	자유
저축을 하겠다.	편안함	안전
값비싼 명품을 사겠다.	뿌듯함	나를 예쁘게 꾸미는 것

일반적으로 사람들이 응답하는 것 '여행을 하겠다.', '저축을 하겠다.', '값비싼 명품을 사겠다.'는 것은 수단과 방법이며, 이러한 행동을 했을 때 느껴지는 '자유롭고 즐겁다', '마음이 편안해 진다', '뿌듯하다'가 자신의 느낌·감정인 것이다. 이때 욕구는 자유롭고 싶고, 심리적으로 안전하고 싶은 것을 통해 얻는 행복감이다. 때로는 느낌·감정과 욕구의 구분이 어려울 수도 있다. 구분할 수 있는가?

학생들을 대상으로 진로강의를 할 때 어떤 일을 하고 싶은가를 묻는다.

아이들은 멋진 직업을 말한다.

'교사요', '연구원이요', '의사요', '……'.

한참 지난 후에 다시 물어본다.

'의사가 되면 무엇이 좋아요?'

학생들은 잘 대답하지 못한다. 간혹 '돈을 많이 벌 수 있잖아요?'라는 답을 한다.

그럼 '돈을 많이 벌면 무엇이 좋아요?' 다시 한 번 질문한다.

이런 질문을 할 때마다 학생들의 대답은 더 궁색해 진다.

그때 나는 친절하게 설명을 해 준다. 수단·방법과 목적을 구분해야 한다고.

학생들이 원하는 교사, 의사, 교수, 돈 등은 수단·방법이며 그것을 통하여 자신이 궁극적으로 얻고 싶은 목적을 발견해야 한다고…….
굳이 말하자면 그것이 비전이라고…….

우리나라의 진로교육 방식은 수단·방법에 집중한다. 예를 들어 서울대에 입학하는 것이 진로교육이다. 서울대 입학하면 목표를 이루었으니 더 이상 열정이 생기질 않는다. 교사라는 안정된 직업에 대한 꿈을 성취하였으니 그때부터는 삶의 순수한 의욕이 생기질 않는다. 진로교육에서도 한 번 더 질문해야 한다. 직업이라는 수단, 돈이라는 수단, 권력이라는 수단을 얻은 다음 이루고 싶은 목적이 무엇인가를. 그럴 때 직업, 돈, 권력을 얻는다는 것은 새로운 출발점이 되는 것이다. 여기서 말하는 목적이 바로 욕구이다. 인간을 순수하게 움직이게 하는 원동력, 배가 고파도 이겨낼 수 있도록 하는 이유가 바로 욕구이며, 자아실현의 모습도 자신이 가진 의미 있는 욕구를 충족한 상태인 것이다.

다음 질문에 자신의 생각을 답해보자.

Q. 혼자 여행을 떠났다고 상상해보라. 기분이 어떤가?

　　A: 자유롭고 즐겁다.

　　B: 불안하고 외롭다.

똑같은 상황인데 A와 B는 전혀 다른 느낌과 감정을 느끼지 않는가? 그것은 욕구가 다르기 때문이다. A는 자율성과 자유로움을 원했을 것이고, B는 그것보다는 자신의 안전함과 누군가와 친밀감의 욕구가 더 강했을 것이다.

아래 10개의 문장을 통해 자신의 욕구를 제대로 인식하는지 그렇지 못한지를 체크해 보고 이때의 욕구는 무엇인지 체크한 것을 토대로 확인해 보자.

📝 실습해 보기

	다음 문장을 읽고 욕구를 인식하고 있는지, 어떤 욕구인가?	욕구를 인식하는가? 욕구는?
1	나는 바보야. 교수님이 발표를 시키면 목소리가 기어 들어가.	
2	부모님이 몰아세울 때 나는 절망감을 느껴. 나는 서로 존중해 주기를 원하거든.	
3	부모님이 내 휴대폰을 보시면 막 화가 나.	
4	알바를 많이 해야 해서 분노가 치밀어.	
5	교수님이 학점을 객관적으로 주면 좋겠어. 나는 공정이 중요하거든.	
6	엄마가 아플 때는 협조와 배려가 필요한데 네가 부엌일을 도와줘서 감동했어.	
7	네가 형과 다투면 엄마는 마음이 아파. 형제간의 우애가 엄마는 중요하거든.	
8	동생이 말도 안하고 내 옷을 가져다 입으면 신경질이 난다.	
9	엄마가 못한 것만 골라서 야단을 치시면 서운해요.	
10	지각할까 봐 걱정했는데 차 태워 주셔서 안심이에요. 감사합니다.	

	다음 문장을 읽고 욕구를 인식하고 있는지, 어떤 욕구인가?	욕구를 인식하는가? 욕구는?
1	나는 바보야. 교수님이 발표를 시키면 목소리가 기어 들어가. |**욕구**| 잘 하고 싶음	인식 못함
2	부모님이 몰아세울 때 나는 절망감을 느껴. 나는 서로 존중해 주기를 원하거든. |**욕구**| 상호존중	인식함
3	부모님이 내 휴대폰을 보시면 막 화가 나. |**욕구**| 자기보호, 존중받고 싶음	인식 못함
4	알바를 많이 해야 해서 분노가 치밀어. |**욕구**| 편안하고 싶음. 안전하고 싶음, 공정함을 원함	인식 못함
5	교수님이 학점을 객관적으로 주면 좋겠어. 나는 공정이 중요하거든. |**욕구**| 공정함	인식함
6	엄마가 아플 때는 협조와 배려가 필요한데 네가 부엌일을 도와줘서 감동했어. |**욕구**| 배려 받고 싶음	인식함
7	네가 형과 다투면 엄마는 마음이 아파. 형제간의 우애가 엄마는 중요하거든. |**욕구**| 형제간의 우애를 보며 편안한 마음	인식함
8	동생이 말도 안하고 내 옷을 가져다 입으면 신경질이 난다. |**욕구**| 존중, 배려, 예의, 자기보호	인식 못함
9	엄마가 못한 것만 골라서 야단을 치시면 서운해요. |**욕구**| 인정, 지지, 공정함	인식 못함
10	지각할까 봐 걱정했는데 차 태워 주셔서 안심이에요. 감사합니다. |**욕구**| 약속, 편안함	인식함

다음 상황에서 당신의 느낌과 욕구는?

Q. 학교에 다녀온 중학생 동생에게서 담배 냄새가 난다.

▶ 느낌 :

▶ 욕구 :

Q. 부모님이 동생만 용돈을 많이 주셨다는 말을 듣고, 부모님께 이 사실에 대해 여쭈어 보았는데 부모님이 "아니"라고 하셨다.

▶ 느낌 :

▶ 욕구 :

Q. 중학생 동생이 "우리 집은 정말 너무 재미없어. 집 나갈래." 라고 한다.

▶ 느낌 :

▶ 욕구 :

Q. 마음에 전혀 들지 않는 같은 과 여학생이 "나는 너를 좋아하는데, 나와 사귈래?"라고 하였다.

▶ 느낌 :

▶ 욕구 :

Q. 어젯밤 늦게까지 술을 먹었더니 속이 많이 불편해서 밥도 안 먹고 택시를 타고 학교에 왔는데 "오늘은 휴강이야."라는 말을 들었다.

▶ 느낌 :

▶ 욕구 :

인간의 욕구를 매슬로우는 생리적 욕구→안전의 욕구→소속과 사랑의 욕구→자존의 욕구→자아실현의 욕구 단계로, 글레이서는 생존의 욕구→사랑과 소속의 욕구→힘(성취)의 욕구→자유의 욕구→즐거움의 욕구 단계를 제시하였다. 이외에도 인간의 욕구를 제시한 학자가 많은 것은, 그만큼 인간의 욕구를 일반화하는 것이 어렵기 때문일 것이다.

욕구를 단계별로 제시하는 것도 좋겠으나, 다음 표에 나열한 욕구목록을 참고하여 느낌이나 감정이 올라올 때마다 그 원인을 관찰해 보도록 하자.

자유와 선택	사랑	돌봄과 보호
자신의 꿈, 목표, 가치를 선택할 자유, 자신의 꿈, 목표, 가치를 이루기 위한 방법을 선택할 자유	사랑, 애정, 연민	안심, 보호받음, 안전, 배려, 자기보호, 예측가능성, 존중
	상호의존	**놀이/재미**
생명의 지속, 안전	인정, 신뢰, 일관성, 수용, 소속감, 공동체, 참여, 배려, 지지, 존중, 관심, 친밀한 관계, 도움, 협력	즐거움, 재미, 유머, 창조성
생명의 지속(공기, 물, 음식, 주거, 수면, 휴식, 안전) 보살핌, 재생산, 애착형성, 자유로운 움직임, 감각적 자극, 성적표현, 재생산		**공감과 소통**
		유대, 연결, 이해, 소통, 자기표현
	의미	
	결심/목적, 기여, 자격/능력, 기념, 온전함/고결함 (integrity), 희망, 꿈, 비전	**초월성, 선험성**
행복과 건강		존재, 영감, 깨달음, 흐름/몰입, 진화/발전, 아름다움, 조화, 질서, 공간, 평화
치유와 회복, 평안, 균형, 안락함, 평이함, 따뜻함, 부드러움, 정서적 안전, 자유로운 움직임, 운동	**진실성**	
	진정성/신뢰성, 자기연관, 자기존중, 정직, 명료함, 일치, 정당함/공평함	**자기실현**
		성취, 배움, 도전, 발견, 자신감, 효능감
		삶의 지속
		인생예찬(축하, 애도), 감사, 여가와 휴식

4. 4단계 : 강요가 아니라 요청·부탁하라

인간은 말을 왜 할까? 자신이 원하는 것을 상대에게 전달하기 위함이다. 인간이 사용하는 말은 please(~해 주세요)와 thank you(고마워요) 두 가지이다. 즉, 감사의 표현 이외에는 모두 요청·부탁의 의미를 내포하고 있다. 생각해 보라. 다른 말이 있는가? 아이에게 '공부를 잘해 주세요.' 직장에서 직원들에게 '일을 잘 해 주세요.' 강의하는 교수는 '잘 들어주세요.' 등의 표현은 모두 please 즉, 요청과 부탁이다. 요청과 부탁을 해도 상대가 잘 들어줄까 말까 할 텐데, 사실은 너무 무례하게 강요와 지시를 한다. 그러나 아이들도 다 안다. 엄마 좋으려고 자신에게 공부를 강요하고 있다는 것을 …… 엄마는 모두 너 잘되라고, 너를 위해서라고 하지만 사실은 엄마 마음 편하려고 한다는 것을 …… 너무 냉정하고 잔인한 말인가?

인간은 철저하게 이기적인 동물이다. 이타적임을 가장한 이기가 있을 뿐이다.

아들이 공부를 잘 하기를 원하여 학원, 과외를 짜서 돌린다는 엄마가 있다고 하자.

'아들이 공부를 잘하면 무엇이 좋은가요?'

'아들이 좋은 학교 가고 좋은 직장에 취직하지요.'

'아들이 좋은 학교 가고 좋은 직장에 취직하면 무엇이 좋은가요?'

'그야 …… 아들이 편안하게 살고 ……'

'아들이 편안하고 남부럽지 않게 살면 엄마는 무엇이 좋지요?'

'걱정 안 해도 되고, 자랑스럽고, 엄마로서 아들을 잘 키웠다는 보람도 느끼지요.'

바로 이게 정답이다. 엄마는 자신의 욕구를 채우기 위하여 아이가 공부를 잘 해주기를 원하는 것이다. 그렇다면 부탁해야 할 일이지 공부를 잘 하라고 강요해서는 안 된다.

인간이 말을 하는 이유는 자신이 원하는 것을 상대가 해 주기를 원해서이다. 그러니 정중하게 부탁해야 한다. 삶을 풍요롭게 하는 부탁은 내 영혼이 원하는 것을 내가 돌보는 방법이다.

다음 상황을 읽고 질문에 답해 보자.

나는 공부를 잘하여 좋은 대학에 다니면서, 아르바이트를 하여 내 용돈도 벌고 있다. 그런데 어머니는 집에서 빈둥거리면서 놀러만 다니시고, 쇼핑만 좋아하는 분이시다. 나는 아버지도 불쌍하고 어머니는 너무 한심해 보인다. 어느 날은 어머니가 밤늦게 술까지 드시고 들어오셨다. 나는 너무 화가 나서 "어머니, 지금 제정신이세요? 어머니 부끄럽지 않으세요?"라고 대들었다.

Q. 나의 이 순간 느낌은?

Q. 어머니에게 내가 원하는 것은?

Q. 내가 원하는 대로 어머니가 행동하시면 나는 무엇이 좋은가? (나의 욕구)

Q. 어머니는 무엇을 원하시는가? (어머니의 욕구)

Q. 어머니께 부탁해야 하는가? 강요해야 하는가?

인간은 자신의 욕구에 충실할 수밖에 없는 존재이다. 자녀에게 헌신하는 어머니도 자신의 자존의 욕구, 자랑하고 싶은 욕구, 안전함의 욕구 등에 충실한 것이다. 다만 이러한 욕구가 이기적인 것인지 이타적인 것인지 정도의 차이가 있을 뿐이다. 그래서 내 욕구를 위하여 상대가 무언가를 해 주어야 하기 때문에, 강요가 아닌 부탁을 정중하게 해야 하는 것이다.

부탁을 할 때에도 요령이 있다.

● **긍정적인 언어로 부탁하기**

부정적이 아니라 긍정적인 언어로 부탁할 때 우리가 원하는 것이 더 정확하고 명료하게 된다.

예) 어머니, 그렇게 잔소리 하지 마세요.
　⇒ 어머니, 차분한 목소리로 원하는 것을 말씀해 주세요.

● **구체적인 행동을 부탁하기**

상대가 행동할 수 있도록 도우려면 구체적으로 부탁해야 한다.

예) 좋은 엄마가 되어 주었으면 좋겠어요.
　⇒ 아침, 저녁은 식사를 차려주시고, 저녁 10시 전에는 들어와 계시면 좋겠어요.

- 의식적으로 부탁하기

  - 아무 말 안 해도 상대가 알아서 해 주었으면 혹은 돌려서 말하더라도 상대가 속뜻을 제대로 파악해 내가 무슨 부탁을 하고 있는지 알아주기를 바라지 말자.

  예) "방이 이게 뭐니? 웬만하면 방 좀 치우지 그래? 네 방에 들어오면 속이 터진다."
  ⇒ "교복은 침대 위에 있고, 양말은 의자 위에 있고 …… 엄마는 네 방에 들어오면 답답해. 방 정리를 위해 협조가 필요한데, 교복은 옷장에 걸고 양말은 세탁기에 넣어 줄래?"

- 지금 바로 할 수 있는 것을 부탁하기

  예) "대학생이 되어도 일요일 저녁은 집에 와서 먹겠다고 지금 약속할 수 있니?"

말하는 사람이 느낌과 욕구를 표현하지 않고 부탁만 하면 명령처럼 느껴지기 때문에, 네 가지 요소를 갖추어 표현하는 것이 좋다.

부탁과 강요를 구별할 수 있어야 한다. 부탁은 상대가 거절할 가능성을 예견하면서 그것을 수용하는 태도를 갖는 것이다. 강요를 받으면 사람들은 흔히 복종을 하거나 반항을 하게 된다.

그러나 부탁할 때 다음과 같은 마음이 있다면 강요하는 것이 된다.

✿ **해야 한다.**

자녀는 부모에게 복종해야 한다.

가족은 협력해야 한다.

부르면 대답해야 한다.

자기 방은 스스로 청소해야 한다.

✿ **당연하다.**

학생이 공부하는 것은 당연하다.

부모의 뒷바라지는 당연하다.

학생이 머리를 단정히 하는 것은 당연하다.

자식이 부모 말을 듣는 것은 당연하다.

✿ **~하는 것이 마땅하다.**

우리 애는 마땅히 상을 받을 자격이 있다.

넌 벌을 받아 마땅하다.

넌 성적이 떨어지는 것이 마땅해.

✿ **~할 권리가 있다.**

난 너한테 대접받을 권리가 있어.

난 인사 받을 권리가 있어.

난 너를 야단칠 권리가 있어.

아래 10개의 문장을 통해 명확한 부탁인지 아닌지 구분해 보고 명확하지 않은 부탁이라면 상황을 만들어 명확한 부탁으로 바꾸어 보라.

✐ 실습해 보기

	명확한 부탁인가? 부탁이 아니라면 명확한 부탁으로 바꾸어 보자.	부탁인가? 아니면 바꾸어보자
1	이번 주말엔 가족 여행을 가려고 하는데, 네 생각은 어때?	
2	학생의 본분에 맞게 머리를 단정히 해라.	
3	엄마가 외출했다가 8시쯤 들어올 텐데, 저녁식사 챙겨 먹을 수 있겠니?	
4	정직하게 말해라.	
5	경제관념을 가져 봐.	
6	난 너한데 배려 받고 싶어.	
7	철 좀 들어라.	
8	치마 길이를 2cm만 늘릴 수 있겠니?	
9	아빠를 존중해 주겠니?	
10	대학생다운 행동을 해 봐.	

	명확한 부탁인가? 부탁이 아니라면 명확한 부탁으로 바꾸어 보자.	부탁인가? 아니면 바꾸어보자
1	이번 주말엔 가족 여행을 가려고 하는데, 네 생각은 어때?	명확함
2	학생의 본분에 맞게 머리를 단정히 해라. **[부탁]** 학교 규정에 맞게 머리를 귀에서 5cm 정도 자르면 좋겠어.	명확하지 않음
3	엄마가 외출했다가 8시쯤 들어올 텐데, 저녁식사 챙겨 먹을 수 있 겠니?	명확함
4	정직하게 말해라. **[부탁]** 네가 생각하는 것을 솔직하게 말해 주겠니?	명확하지 않음
5	경제관념을 가져 봐. **[부탁]** 용돈 기입장을 쓰고 한 달에 10만 원씩 저축을 해 주면 좋겠어.	명확하지 않음
6	난 너한테 배려 받고 싶어. **[부탁]** 내가 전화할 때는 가능한 받고, 이후에라도 확인하면 내게 전화 해 주면 좋겠어.	명확하지 않음
7	철 좀 들어라. **[부탁]** 네 방은 스스로 정리하고, 아빠 생신 때 성의껏 선물해 주면 좋 겠어.	명확하지 않음
8	치마 길이를 2cm만 늘릴 수 있겠니?	명확함
9	아빠를 존중해 주겠니? **[부탁]** 아빠가 말할 때에는 아빠를 쳐다보고 집중해 주겠니?	명확하지 않음
10	대학생다운 행동을 해 봐. **[부탁]** 아침에 일어나 가족과 함께 식사를 하고 그날 과제는 그날 해주 겠니?	명확하지 않음

● 폭력성을 포함하여 진정한 소통을 방해하는 요소

사춘기 아이와 엄마가 함께 마음이 통하는 비폭력대화 기법을 담
은 책 「아이는 사춘기, 엄마는 성장기」에서는 폭력성을 포함하여
소통을 방해하는 12가지 요소를 제시하였다.

✿ 비난

"그 마음을 모르는 너희가 나쁜 놈들이지."

"넌 큰 실수를 했어."

"네가 나빠."

"그렇게 말하는 게 아니지."

"그러니까 네가 발전하지 못하는 거지."

✿ 비판

"너희가 깡패야?"

"학생이라는 놈들이 ……."

"말하는 본새 좀 봐라."

"도대체 예의라고는 없구나."

"그렇게 무식하니 뭘 하겠어?"

"넌, 진짜 철이 없어."

"게으른데다가 고집까지 세고."

✿ 모욕

"너 지금 제 정신이야?"

"너, 미친 거 아니니?"

"못된 송아지 엉덩이에 뿔난다더니 ……."

"생각이 있니, 없니?"

✿ 반박

"시끄러워, 이 새끼야, 뭘 잘했다고 꼬박꼬박 말대꾸야?"

"웃기지 마."

"말도 안 되는 소리는 하지를 마라."

"됐거든……. 너나 잘해."

"네가 대학에 붙으면 내 손에 장을 지진다."

✿ 진단

"넌 도대체 누굴 닮은 거야?"

"넌 누굴 닮아서 그렇게 덜렁대니?"

"아무래도 성격에 문제가 있어."

"산만한 게, 검사를 받아 봐야 할 거 같아."

"집안 대대로 내려오는 안 좋은 버릇인 거 같아."

✿ 분석

"엄마가 막내라고 귀엽다, 귀엽다 하고 키웠더니 엉뚱한 짓을 하고 다녀?"

"하나를 보면 열을 아는 거야."

"아무래도 어릴 때 널 남이 키워 줘서 그런 거 같아."

"넌 막내라서 버릇이 너무 없어."

"신생아 때 인큐베이터에서 커서 그런가 봐."

"공부 잘하는 누나 밑에서 주눅 든 거지 뭐."

✿ 꼬리표 붙이기

"우리 예쁜 강아지!"

"이 멍청아."

"지겨운 말썽꾸러기."

"너무 예쁜 막내."

"넌 내가 존재하는 이유야."

✿ 비교하기

"형이나 누나는 이런 행동 한 번도 안했어."

"엄마, 아빠도 반성문이라는 거 써 본 적 없고."

"혁이는 집이 가난해서 소년 가장 역할을 하면서도 공부만 잘 하더라."

"누나만큼만 해라."

"형이 너만할 때는 안 그랬어."

"엄마는 방도 없이 헌 책으로만 공부해도 매일 1등만 했다."

"아빠 어릴 때는 이런 거 하나도 없었다."

✿ 경쟁 부추기기

"은희만큼만 해라."

"준우를 이겨라."

"너도 서울에 있는 대학은 가야지."

"남들 논다고 너도 놀면 어떻게 되겠니?"

✿ 상과 벌의 정당화

"얼마나 못되게 굴었으면 선생님이 그렇게 화가 나서 전화를 하셔?"

"죄지은 놈들이 할 말이 뭐가 있어?"

"너는 벌 받을 만한 짓을 했어."

"네가 상을 받는 것은 당연하지."

"엄마가 이렇게 희생을 하는데 그 정도는 네가 해 줘야지."

✿ 책임을 부인하는 말들

"엄마는 너한테 그렇게 가르친 적 없다."

"난 무조건 그 선생님이 싫어."

"괜히 우울하단 말이야."

"걔가 먼저 때려서 저도 때렸어요."

"학생이니까 학교에 갈 뿐이에요."

"놀고 싶은 충동을 억제할 수 없었어요."

✿ 강요

"내가 가서 담임 선생님께 정중하게 잘못했다고 다시 빌어."

"명령에 따라라."

"함부로 말하지 말고 입 다물고 있어."

"네 맘대로 결정하면 안 돼."

"당근 골라내지 말고 다 먹어."

4장.

마음을 듣는 대화법

1. 공감으로 듣기

소통의 대화법은 진솔한 말하기와 공감으로 듣기 2가지 요소이다. 두 가지 요소 모두 관찰→느낌→욕구→요청이지만, 대상이 달라진다. 진솔한 말하기에서는 관찰→느낌→욕구→요청까지 모두 자신이 대상이 되지만, 공감으로 듣기는 관찰→느낌→욕구를 상대에게 맞추어 들어야 한다. 공감적 경청은 사람을 존재 그대로 받아들여주는 언어 행동이기 때문에, 대단한 힘을 가지게 된다.

객관적 상황	1단계 : 관찰 -평가와 구별	느낌을 일으킨 행동, 사건을 있는 그대로 보기 "네가 ___을 하는 말을 들었을때"		
상대의 마음	2단계 : 느낌/감정 -생각과 구별	우리 몸과 마음에서 일어나는 느낌, 감정 반응 "네가 _____을 느꼈을 것 같아"	내 부	외 부
	3단계 : 욕구/필요 -수단/방법과 구별	느낌/감정 아래에 있는 욕구 "왜냐하면, 너는 ___이 필요/중요/원하기 때문일 것 같아"		
상대의 요청	4단계 : 부탁 -강요와 구별	구체적, 긍정적, 의문형으로 "네가 필요한 것은/원하는 것은/바라는 것은 __야?" - 연결부탁 : "이 말을 들으니 어떤 생각이 드니?" - 행동부탁 : "___을 해줄 수 있겠니?"		

[공감하며 듣기]

혜정이와 수진이는 중학교 때부터 친구로 지금은 45세로 각자 결혼한 지 20년가량 되었다. 며칠 전 혜정이 생일이었는데 남편이 생일을 잊고 그냥 지나갔다. 게다가 저녁때 용기를 내어 남편에게 '당신 오늘 내 생일인데 잊었어요?' 라고 묻자 남편은 미안해하기는커녕 '결혼 20년차인데 아직도 그런 게 중요해?'라고 했다는 것이다. 혜정이는 아직도 섭섭한 마음이 풀리지 않아 수진에게 한탄을 하였다.

위의 상황에서 수진이는 공감하며 듣기의 4단계를 할 수 있다.

✿ 상대방의 관찰
'남편이 생일을 잊어버리고 결혼 20년차인데 아직도 그런 게 중요해? 라고 했을 때

✿ 상대방의 느낌:
"속상하고 섭섭했니?"

✿ 상대방의 욕구:

"남편한테 좀 더 존중 받기를 원하기 때문에?"

✿ 상대방의 부탁:

"남편에게 생일은 꼭 기억해 달라고 부탁하고 싶어?"

처음 대화법을 익히는 과정에서는 의식적으로 4단계를 모두 연습하다가 익숙하게 된 후에는 관찰과 부탁은 생략하고 자연스러운 방법으로 대화하면 된다.

● 공감하며 듣기를 방해하는 요소

상대방과 대화를 할 때 공감하며 듣기를 하면 상대는 '자신이 완전히 존중 받는다.'는 느낌이 든다. 이러한 외부 존중감이 반복되면 자기존중감으로 자리 잡게 된다. 그러나 상대가 자신의 감정을 무시한 채 상대의 해석기에 의해 상대의 생각이나 평가 판단을 말하면 자신은 무시 받는 느낌이 들어 상대와 친밀감을 형성하지도 못하고 자신에 대한 존중감도 줄어들게 된다.

삶에서 흔히 일어나는 공감하며 듣기를 방해하는 유형에 대해 알아보자. 공감하며 듣기를 방해하는 것은 한마디로 듣는 사람의 해석에 의한 판단을 전달하는 것이다. 「아이는 사춘기, 엄마는 성장기」에서는 폭력성을 포함하여 소통을 방해하는 10가지를 제시하였다.

철수 : "엄마, 난 대학을 못 갈 것 같아. 공부가 하나도 재미가 없어. 특히 수학이 싫어."

✿ 충고/조언/교육하기

· 엄마 : 고등학교 다니면서 누구나 한번쯤 그런 생각을 하지. 좀 지나면 괜찮아, 아니면 학원을 바꿔볼까?

· 철수 : 그럼, 뭐 그런가 보죠. 엄마 말씀대로 따라야 뒤탈이 없다는 것을 이제는 알아요. 묻는 척하지 마시고 그냥 엄마 결정대로 하지요.

✿ 분석/진단/설명하기

· 엄마 : 아무래도 네가 학습무기력증에 빠진 거 같다. 네가 요즘 힘들어서 그런 생각이 드는 거야.

· 철수 : 약간 피곤하긴 하지만 힘든 거는 아니에요. 신경 쓰지 마세요. 몇몇 과목들은 공부하기도 하니까 학습무기력증은 아닌 것 같은데요.

✿ 바로잡기

· 엄마 : 무슨 소리, 네가 얼마나 똑똑한데…….

"재미없을 리가 없어, 넌 어릴 때부터 공부를 좋아하는 애야"

· 철수 : 똑똑한 거 이제는 별 도움이 안 된다는 거, 엄마도 아시잖아요? 제 기억으로는 공부를 좋아했던 적은 한 번도 없어요. 저를 조종하려고 하지 마세요.

✿ 위로하기

· 엄마 : 오죽하면 그런 생각이 들겠니? 너무 힘들겠다. 이게 다 우리나라 교육 정책이 잘못되어 그런 거야.

• 철수 : 다른 나라로 유학이라도 갈까요? 가기도 너무 늦은 것 같고 갈 마음도 없으니까 할 수 없죠. 그냥 여기서, 이렇게 살아야 하지 않을까요?

✿ 내 얘기 들려주기/맞장구치기

• 엄마 : 어머, 어쩌면 너는 엄마랑 똑같니? 나도 딱 요맘때 그런 생각이 들어 외할머니 괴롭혔지. 나도 집안일이 하나도 재미없어, 식구들 다 두고 산속에 들어갔다 나오고 싶다.

• 철수 : 아무래도 내가 엄마 닮은 거군요. 그러니까 엄마, 제발 저한테 뭐라 하지 마세요. 그리고 아무리 그러셔도 산속으로 들어가고 싶다는 말을 하시면 어떡해요. 혹시 그런 생각이 들더라도 남에게 말은 하지 말아야죠. 가족에게 상처가 되지 않을까요? 엄마가 애도 아니고, 나 참……

✿ 감정의 흐름을 중지/전환시킴

• 엄마 : 됐거든, 대한민국 애들, 다 너와 같은 생각하고 살아. 하지만, 우리 아들이 대학 못가면 누가 가?

• 철수 : 대학은 알아서 잘 갈 거예요, 그러니까 우리가 불쌍하다는 거죠. 학생 때 이렇게 사는데 언제 놀 수 있을까요? 어른 되면 놀 수 있다고들 하지만, 학생 때만큼 재미있을까요?

✿ 동정하기/애처로워하기

· 엄마 : 어떡하니? 아직 고3이 되려면 멀었는데 이 세상에서 가
장 불쌍한 사람들이 학생이야.

· 철수 : 왠지 놀림 받는 기분이 드는데요? 알았으니까, 저는 방
에 들어갈게요, 전 동정이 필요 없어요.

✿ 조사하기/심문하기

· 엄마 : 담임 선생님이 뭐라 하시니? 요즘 든 생각이야? 아니면
중학교 때도 그런 생각을 했어?

· 철수 : 모르겠어요. 그냥 공부하기가 너무 힘들다는 생각을 하
게 돼요. 그래도 뭐 그냥 저냥 하는 거죠. 꼬치꼬치 캐
묻는 거, 정말 지겨워요.

✿ 평가하기/빈정대기

· 엄마 : 지금이 너한테 얼마나 중요한 시기인데 그런 소리를 하니?
자~알 한다. 남들 열심히 할 때 빈둥거리고 놀더니…….

· 철수 : 공부를 하려고 해도 집중이 잘 안 되는데 어떡해요. 저
라고 하기 싫어서 안 하겠어요? 책상에 앉아도 딴 생각
만 나고 공부는 재미도 없는데 어떡해요?

✿ 단칼에 딱 자르기

· 엄마 : 시끄러워, 괜히 하기 싫으니까 한다는 소리하고는…….
영화나 한 편 보자.

· 철수 : 하기 싫은 게 아니고, 잘 안된다고요. 갑자기 영화라니,

지금 병 주고 약 주시는 건가요?

2. 듣기 힘든 말을 받아들이는 네 가지 태도

우리가 주고받는 수많은 대화 중에는 자신의 마음에 듣기 힘든 말이 있다. 이때 자신이 어디에 집중하는 습관화가 되었는지 확인할 필요가 있다. 제2부에서 인간관계에 대한 신념이 지배체제와 협력체제가 있다는 것을 설명하였다. 지배체제는 힘의 논리에 의한 경쟁과 갈등을 조장하는 자칼시스템이며 협력체제는 상호존중에 의한 협력과 공유하는 기린시스템이라 하자.

유빈 : 엄마! 내 교복 빨아두었어?

엄마 : 아니. 어디에 두었는데?

유빈 : 빨래 바구니에 담아두었잖아.

엄마 : 월요일에 입을 거면 엄마한테 말을 했어야지.

유빈 : 엄마는 그런 것도 알아서 못해 줘? 내일 아침에 입어야 하는데 어떻게 할 거야?

엄마 : 지금 빨면 마르지도 않을 텐데 그냥 입어야지 어떻게 하니?

유빈 : 그걸 더러워서 어떻게 입어? 다른 집 엄마들은 알아서 잘 해주던데.

엄마 : 야! 너도 고등학생이면 그 정도 생각은 해야. 엄마가 네 교복만 보고 있는 것도 아니고, 말을 했어야지. 그리고 지금에 와서 어쩌란 말이니?

엄마의 입장에서 보면 듣기 힘든 말을 들어야 하는 상황이다. 이

때 엄마의 반응에 대하여 네 가지로 나누어 생각해 보자.

- **자칼 귀 안(자칼 in) : 자신을 탓하기**

  상대의 판단을 그대로 받아들이고 자기 자신을 탓한다.
  "그래, 내가 엄마인데, 딸 교복도 못 챙기고 나쁜 엄마야."

- **자칼 귀 밖(자칼 out) : 상대를 탓하기**

  상대의 말을 반박하고 비난하고 탓한다.
  "고등학생이나 되는 아이가 그냥 빨래통에 옷을 담아두면 내가 어떻게 알아? 말을 했어야지."

- **기린 귀 안(기린 in) : 자신의 느낌과 욕구 알아차리기**

  관찰 : 네가 "엄마는 그런 것도 알아서 못해줘? 내일 아침에 입어야 하는데 어떻게 할 거야?"라는 말을 들으니
  느낌 : 서운하고 불쾌해.
  욕구 : 엄마도 네게 필요한 것을 잘 해주는 좋은 엄마이고 싶은데
  부탁 : 너는 어떻게 생각해?

- **기린 귀 밖(기린 out) : 상대의 느낌과 욕구 알아차리기**

  관찰 : 내일 교복 입어야 하는데 빨아있지도 않고, 엄마가 "고등학생이나 되는 아이가 그냥 빨래통에 옷을 담아두면 내가 어떻게 알아? 말을 했어야지."라고 하는 말에

느낌 : 많이 서운하고 화나.

욕구 : 엄마가 알아서 배려해 주기를 바라니?

부탁 : 어떻게 생각해?

상대의 비난을 비난으로 듣는 것이 아니라 고통을 표현하는 것뿐이라고 받아들이면서 상대의 느낌과 욕구에 초점을 맞춘다.

자칼식 대화는 상대나 자신을 탓하면서 비난의 대상을 찾게 된다. 갈등이 지속되다 보면 마음의 결핍이 생기게 되며 결국에는 관계의 단절까지 생각하게 된다. 하지만 기린식 대화를 하면 서로에게 공감을 하게 되어 누구도 소외되지 않고 더욱 깊이 이해할 수 있게 된다. 나의 감정을 자극하는 듣기 힘든 말에 대하여 자신이 어떻게 반응하는지 살펴보자.

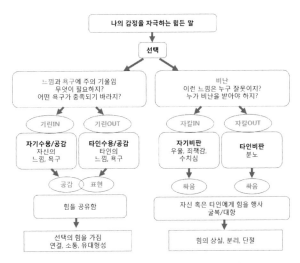

[듣기 힘든 말을 받아들이는 네 가지 태도]

책을 마무리 하며

▪ 소통하는 대화는 평화로운 삶의 기술

생각이 말이 되고 말이 행동으로 나타난다. 생각은 자신과의 대화이며 말은 타인과의 대화이다. 생각이 말이 되기도 하고 말을 하다보면 자신의 생각으로 굳어져 신념이 되기도 한다. 생각이라는 것을 더 잘게 쪼개 보면 자신이 중요하게 생각하는 가치, 자신이 원하는 욕구, 자신의 느낌을 저장하고 있는 기억들, 자신이 옳다고 믿는 신념들이다. 이런 것들은 자신도 모르는 무의식 속에 숨어 있다가 외부의 자극상황이 되면 동시다발적으로 뭉쳐져 하나의 행동으로 나온다. 자신의 무의식 속에 있는 내적 자원들을 관찰하고 보듬어 주는 것은 자신의 영혼을 평화롭게 하는 것이다. 타인의 말과 행동을 보면서 타인의 내적 자원들을 관찰하고 알아주는 것은 타인의 영혼을 평화롭게 하는 이타적인 행위이다.

살다보면 서로 의지하며 살아도 힘든 가족끼리 상처를 주고받으며, 힘을 모아 성취를 해야 하는 직장 동료끼리 소모적인 경쟁을 하고, 그냥 두고 보아도 좋은 상대를 할퀴고 물어뜯는 자칼을 많이 보게 된다. 자칼이 처음에는 타인을 물어뜯는 것 같지만 결국 더 많은 상처를 가지고 아파하는 것은 자신이 된다.

진정한 평화를 위한다면 먼저 자신과 좋은 관계를 맺어 자존감을 높임으로써 내 안의 평화를 구해야 할 것이다. 다음으로 너와 상호 존중의 관계를 맺어 너와 나 사이의 평화를 이루고 세상을 바라본다면 온 세상의 평화가 어느새 내 안에 들어와 자리 잡고 있음을 알게 될 것이다.

대부분의 사람은 마음먹은 만큼 행복하다.

　　　　　　　　　　　　　　　　　- 에이브러햄 링컨

우리 세대의 가장 위대한 발견은 인간이 자신
(의 생각·신념·믿음·태도)을 바꿈으로써
삶을 바꿀 수 있다는 사실을 발견한 것이다.

　　　　　　　　　　　　　　　　　- 윌리엄 제임스

참고문헌

권석만(2016). 젊은이를 위한 인간관계의 심리학. 학지사

김미영 외(2016). 행복습관코칭. 이담북스

김영애(2012). 사티어 빙산의사소통. 김영애가족치료연구소

너새니얼 브랜든 저, 김세진 역(2016). 자존감의 여섯 기둥. 교양인

마셜 B. 로젠버그 저/캐서린 한 역(2011). 비폭력대화 : 일상에서 쓰는 평화의
　　　언어, 삶의 언어. 한국NVC센터

민경환 (2002). 성격심리학. 법문사

송인섭(2013). 자아개념. 학지사

이윤정(2010). 아이는 사춘기 엄마는 성장기. 한겨레에듀

이명희, 김아영(2008). 자기결정성 이론에 근거한 한국형 기본 심리욕구 척도
　　　개발 및 타당화. 한국심리학회: 사회 및 성격 22(4)

이선영(2016). 초등학생이 학교생활 중에 경험한 존재감 양상 기술. 한국교원
　　　대학교 초등교육학과 석사학위논문

임윤선(2012). 성인애착이 대인관계 능력에 미치는 영향: 존재감과 자기자비
　　　의 매개효과. 숙명여대 교육학과 상담 · 생활지도 전공 석사학위

홍경자(2015). 의사소통의 심리학. 이너북스

홍기원 · 김명소 · 이종택 · 한영식(2003). 한국 성인 남녀의 자존감 구성요인
　　　에 대한 탐색적 연구. 한국심리학회지: 여성. 8(2). 33-52

칼 로저스 저, 오제은 역(2009). 사람-중심 상담, 학지사

Argyle, M.(1983). The psychology of interpersonal behaviors (4th Ed.)
　　　Harmondsworth: Penguin Books.

Elliott, G. C., Kao, S,. & Grant, A. M.(2004). Mattering: Empirical Validation
　　　of a Social-Psychological Concept. Self and Identity. 3. 339-354

Ford, M. E. (1992). Motivating humans: Goals, emotions, and personal agency
　　　beliefs. Newbury Park: Sage Publications

Kiesler, D. J.(1996). Contemporary interpersonal theory and research: Personality,
　　　psychopathology, and psychotherapy. New York: John Wiley & Sons

Lazarus, R. S. (1991). Emotion and adaptation. New York: Oxford University
　　　Press

Leary, T. F.(1957). Interpersonal diagnosis of personality. New York: Ronald

Michael S. Gazzaniga, Cognitive Neuroscience: The Biology of the Mind, Norton

    & Company, 2013

Ryan,R.M. & Deci,E.L.(2002). Overview of self-determination theory: An organismic dialectical perspective. In Deci,E.L., & Ryan,R.M.eds., *Handbook of self-determination research*(pp 3-33).

Wiggins, J. S. (1985). Interpersonal circumplex models: 1948-1983. Journal of Personality Assessment, 49, 629-631

양식 1. 자기존재감 측정도구

	문항	아주 그렇다	그렇다	보통 이다	그렇지 않다	전혀 그렇지 않다
1	대부분의 사람들은 내가 있든 없든 나의 존재를 인식하지 못하는 것 같다.	①	②	③	④	⑤
2	모임에서 나를 알아보는 사람이 없다.	①	②	③	④	⑤
3	다른 사람들과 함께 있을 때, 때로는 스스로가 투명인간이 된 듯한 느낌을 받는다.	①	②	③	④	⑤
4	대부분의 경우, 사람들은 나의 존재를 인식한다.	⑤	④	③	②	①
5	어떤 이유에서인지, 사람들의 주목을 받기가 어렵다.	①	②	③	④	⑤
6	그 어떤 경우에도, 사람들은 나를 무시하지 않는다.	⑤	④	③	②	①
7	상황이 어떻든, 일반적으로 사람들이 나의 존재를 인식하는 편이다.	⑤	④	③	②	①
8	사람들은 나의 이름을 기억하지 못하는 경향이 있다.	①	②	③	④	⑤
9	나에게 무슨 일이 생기든 사람들은 신경 쓰지 않는다.	①	②	③	④	⑤
10	나에게 일어난 일에 대해 마치 자신의 일인 것처럼 반응을 보이는 사람들이 주위에 있다.	⑤	④	③	②	①
11	나의 성공이 내 주변 사람들에게 그들 자긍심의 원천이 되고 있다.	⑤	④	③	②	①
12	때로는 사람들이 나를 도와주기 위해 불편을 감수하는 경우를 보기도 한다.	⑤	④	③	②	①
13	내가 문제가 있을 때 사람들은 대부분 그것에 대해 듣기를 원하지 않는다.	①	②	③	④	⑤
14	대부분의 경우, 사람들은 내가 무엇을 원하는지 관심이 없다.	①	②	③	④	⑤
15	내 주위에는 필요한 경우 나에 대한 비판도 서슴지 않을 만큼 나를 생각해주는 사람들이 있다.	⑤	④	③	②	①
16	나의 성과에 대해 자랑스러워할 사람이 아무도 없다.	①	②	③	④	⑤
17	어느 날 내가 사라진다 해도 아무도 그 사실을 인지하지 못할 것이다.	①	②	③	④	⑤
18	사실을 말하자면, 나를 정말로 필요로 하는 사람은 아무도 없다.	①	②	③	④	⑤

19	많은 사람들이 중요한 문제에 대해 나에게 조언을 구한다.	⑤	④	③	②	①
20	나는 사람들이 도움이 필요할 때 찾는 사람이 아니다.	①	②	③	④	⑤
21	도움이 필요할 때 사람들이 나에게 의지하는 편이다.	⑤	④	③	②	①
22	도움이 필요할 때 사람들은 나를 찾는다.	⑤	④	③	②	①
23	사람들은 도움이 필요할 때 내가 달려와 주리라 믿는다.	⑤	④	③	②	①
24	사람들은 그들이 중요한 일을 종종 내게 맡긴다.	⑤	④	③	②	①

구분	문항 수	문항번호 (*는 역문항)	Cronbach's α
인식	8	1* 2* 3* 4 5* 6 7 8*	.88
중요성	10	9* 10 11 12 13* 14* 15 16* 17* 18*	.88
의존	6	19 20* 21 22 23 24	.87
	24		.94

임윤선(2012). 성인애착이 대인관계 능력에 미치는 영향: 존재감과 자기자비의 매개효과. 숙명여대 교육학과 상담·생활지도 전공 석사학위

양식 2. 키슬러의 대인관계 양식 검사 도구

자기의 성격이나 대인관계를 잘 나타내는 정도에 맞추어 적절한 숫자에 ∨표를 한다.

번호	문항	매우 그렇다 ⑤점	그렇다 ④점	보통 이다 ③점	그렇지 않다 ②점	전혀 그렇지 않다 ①점	번호	문항	매우 그렇다 ⑤점	그렇다 ④점	보통 이다 ③점	그렇지 않다 ②점	전혀 그렇지 않다 ①점
1	자신감이 있다						21	온순하다					
2	꾀가 많다						22	단순하다					
3	강인하다						23	관대하다					
4	쾌활하지 않다						24	열성적이다					
5	마음이 약하다						25	지배적이다					
6	다툼을 피한다						26	치밀하다					
7	인정이 많다						27	무뚝뚝하다					
8	명랑하다						28	고립되어 있다					
9	추진력이 있다						29	조심성이 많다					
10	자기 자랑을 잘한다						30	겸손하다					
11	냉철하다						31	부드럽다					
12	붙임성이 없다						32	사교적이다					
13	수줍음이 있다						33	자기 주장이 강하다					

14	고분고 분하다					34	계산적 이다				
15	다정다 감하다					35	따뜻 함이 부족 하다				
16	붙임성 이 있다					36	재치가 부족 하다				
17	고집이 세다					37	추진 력이 부족 하다				
18	자존 심이 강하다					38	솔직 하다				
19	독하다					39	친절 하다				
20	비사교 적이다					40	활달 하다				

채점과 해석

각 유형별 문항의 응답을 아래의 칸에 합산한다. 그리고 아래 그림에 자신의 점수를 ○표로 표시하고 점수들을 연결하여 팔각형을 그린다. 팔각형의 모양이 중심으로부터 특정 방향으로 기울어진 형태일수록 그 방향의 대인관계 양식이 강하다고 해석된다. 이 결과는 자신의 대인관계에 대하여 주관적으로 자각한 것일 뿐이므로 고정관념을 갖지 않도록 유의해야 한다.

번호	점수	번호	점수	번호	점수	번호	점수	번호	점수	번호	점수	번호	점수	번호	점수
1		2		3		4		5		6		7		8	
9		10		11		12		13		14		15		16	
17		18		19		20		21		22		23		24	
25		26		27		28		29		30		31		32	
33		34		35		36		37		38		39		40	
지배형		실리형		냉담형		고립형		복종형		순박형		친화형		사교형	

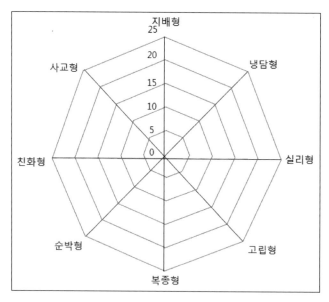

[출처 : 홍경자, 의사소통의 심리학, 2007]

김미영

충남대학교 교육학 박사
행복습관코칭, 자기조절학습전략 등 저자
전문 강사(행복코칭, 의사소통, 부모교육 등)

강 훈

충남대학교 교육학 박사
전문 강사(리더십, 의사소통, 행복코칭 등)

김 건

케이젠테이션 대표
한국코치협회 인증 코치
대학·기업교육 전문 강사

신정옥

한남대학교 교육학 박사
전문 강사(심리상담, 부모교육, 행복코칭 등)

이희승

충남대학교 의상사회심리 박사
전문 강사(이미지 메이킹 의사소통, 행복코칭 등)

임창호

대전대학교 경찰행정학과 교수
전문 강사(리더십, NLP, 행복코칭 등)

나·너·우리의
자존감을
키우는
대화법

초판인쇄 2019년 2월 28일
초판발행 2019년 2월 28일

지은이 김미영·강훈·김건·신정옥·이희승·임창호
펴낸이 채종준
펴낸곳 한국학술정보㈜
주소 경기도 파주시 회동길 230(문발동)
전화 031) 908-3181(대표)
팩스 031) 908-3189
홈페이지 http://ebook.kstudy.com
전자우편 출판사업부 publish@kstudy.com
등록 제일산-115호(2000. 6. 19)

ISBN 978-89-268-8726-4 93710